本书获国家社会科学基金后期资助项目"自然村自治与新农村建设问题研究"（19FZZB016）专项资助。

内生与建构

激活村民自治资源的
尝试与悖论

吴记峰 著

中国社会科学出版社

图书在版编目（CIP）数据

内生与建构：激活村民自治资源的尝试与悖论／吴记峰著 . —北京：
中国社会科学出版社，2022.9

ISBN 978 - 7 - 5227 - 0503 - 3

Ⅰ.①内…　Ⅱ.①吴…　Ⅲ.①农村—群众自治—研究—中国　Ⅳ.①D638

中国版本图书馆 CIP 数据核字（2022）第 151143 号

出 版 人	赵剑英
责任编辑	王　琪
责任校对	杜若普
责任印制	王　超

出　　版	中国社会科学出版社
社　　址	北京鼓楼西大街甲 158 号
邮　　编	100720
网　　址	http://www.csspw.cn
发 行 部	010 - 84083685
门 市 部	010 - 84029450
经　　销	新华书店及其他书店

印　　刷	北京明恒达印务有限公司
装　　订	廊坊市广阳区广增装订厂
版　　次	2022 年 9 月第 1 版
印　　次	2022 年 9 月第 1 次印刷

开　　本	710×1000　1/16
印　　张	15
字　　数	213 千字
定　　价	79.00 元

编委会

《岭南理论视野丛书》总序

习近平总书记在全国党校工作会议上指出：党校姓党，决定了党校科研要紧紧围绕党的中心工作展开，在党的思想理论研究方面有所作为，为坚持和巩固党对意识形态工作的领导、巩固马克思主义在意识形态领域的指导地位作出积极贡献。党校（行政学院）作为党的思想理论建设的重要阵地和重要智库，要根据时代变化和实践发展，加强理论总结和理论创新，为发展 21 世纪马克思主义、当代中国马克思主义作出努力，充分发挥干部培训、思想引领、理论建设、决策咨询作用，为新时代坚持和发展中国特色社会主义服务。

理论是行动的先导，思想是前进的旗帜。当今世界正经历百年未有之大变局，经济全球化遭遇挑战，全球治理面临着复杂形势，国际秩序处在关键路口，我国新时代新发展也正迎来新征程。在这大变革大调整大发展之中，出现许多新情况和新问题，需要广大理论工作者深化理论研究，把握经济社会新特点、新规律，厘清发展思路，明确发展方向。党校（行政学院）要发挥学科优势、研究优势、人才优势和系统优势，聚焦党和国家中心工作、党委和政府重大决策部署、社会热点难点问题进行深入研究，及时反映重要思想理论动态，提出有价值的对策建议，为党委政府提供决策参考。

《岭南理论视野丛书》是由中共广东省委党校（广东行政学院）专家学者研究、撰写的理论研究系列成果，是由校（院）资助出版的丛书。这套丛书重视理论性和学术性，在对重大现实问题的研究上注重理论提升，力图形成以理论性和学术性为基础，具有岭南视野与党校（行政学院）特色的系列著作。我们希望丛书的出版，对理论工作者尤其是领导干部学习研究习近平新时代中国特色社会主义思想，提高逻辑思维和理论分析水平，深入理解当代中国特别是广东经济社会发展的现状和趋势，将会有所补益。

学无止境，探索真理的道路是漫长而又艰辛的，对《岭南理论视野丛书》的作者们来说，情形亦是如此。没有批评，就没有进步。我们期待着各界方家大师的指点。

丛书编委会

2020 年 6 月

目　　录

第一章

导　　论

一　研究缘起与问题提出

在我国，村民自治作为一项制度已经实行了 30 多年，经历了一个复杂曲折的发展过程。21 世纪以来，以村委会为自治体的村民自治在实践中不断趋于行政化，遇到很多的难题，处于发展的瓶颈状态，有人因此宣告"自治已死"，村民自治研究也由一度的红火而淡出学界，甚至为学界所遗忘。但近年来，人们发现在有些地方，村民自治以其内在的价值和力量不断在实践中为自己开辟着道路，"失落的自治"在行政村以下更基础的社会单元显示出新的生机与活力。[1] 尤其是在宗族传统还较为浓厚的华南社会，"山重水复疑无路，柳暗花明又一'村'"，村民自治在不同于行政村的自然村呈现出强劲的生机。

正是基于自然村千百年来的乡村自治传统与新形势下的村民自治活力，很多地方启动了向下要力的村民自治创新改革，如广东云浮的"乡贤理事会"、广东清远的"三个重心"下移、四川成都的"院落自治"、湖北秭归的"村落自治"、江苏南京的"农民议会"以及广西河池的"屯自治"、贵州凯里的"组管委"，等等。在这

---

[1]　徐勇、赵德建：《找回自治：对村民自治有效实现形式的探索》，《华中师范大学学报》（人文社会科学版）2014 年第 4 期。

些改革中，清远村民自治重心下移改革因碰触了原有乡村治理体制而备受关注。清远市于 2012 年底启动的村民自治重心下移改革着力将村民自治组织体系下移到自然村或村民小组一级，试图通过连接传统乡村社会自治、复归自然村自治传统来重新激活乡村社会的村民自治资源。截至 2016 年，清远三个试点镇的村民自治组织已经下移到建制村以下并且运行了近两年的时间，其他地区的改革也已经启动并以 2017 年村（社区）"两委"换届选举为契机全面铺开。那么，为什么是在地处粤北山区的清远市率先发生了这样一场复归自然村自治传统的创新改革？这样一场向下要力的改革在清远具有怎样的历史凭借与现实基础？在现代国家建构与乡村社会变迁的双重影响下，传统自治能否真正实现复归，复归传统的改革能否真的激活乡村社会的自治资源？如若不能，那么有无传统资源可以挖掘，如何进行挖掘？所有这些问题的答案，都需要我们重新回到历史最深处与社会最基层，并通过融入村民自治重心下移改革的全过程去找寻答案。

二 已有研究与研究述评

起点决定路径，原型决定转型，对于农村村民自治的考察，既要回归到历史深处，从传统自治的基质中挖掘自治的核心要素，并以此审视激活自治的尝试，还要上升到理论高度，从村民自治的既有研究中汲取营养，争取理论的突破与贡献。关于村民自治的既有研究已经是汗牛充栋，笔者的研究无疑是以前辈们的研究成果为根基的。

（一）内生与自发：传统乡村社会自治

西方理论界关于东方社会的形态一直以来就盛行着"东方专制主义"的观点，亚里士多德就种下了"西方是自由的，东方是专制的"种子，之后经孟德斯鸠"亚洲的奴役"和"欧洲的自由"，到黑格尔的"专制就是东方的，与西方无关"，最后到魏特夫充分系统化了的东方专制理论，整个西方话语体系下，东方社会就是一个专制的社会。① 这一观点也影响到了本土的研究者，如萧公权、瞿同祖等就认为传统中国政权有能力将权力渗透到乡村的每一个角落，国家将农村生活的方方面面置于自己的指导与监督之下，成功地阻止了地方自主与自治的成长。秦晖指出，将传统社会描绘为"社会秩序主要靠伦理道德来维持"的社会，本就是古代儒家经典描绘的一种理想秩序，乡土社会从来都不是由温情脉脉的小共同体组成的，小共同体更是为对抗大共同体而形成的保护个体的力量。② 他甚至进一步指出，即使在我国历史上世家大族最盛行的时代，乡村也并非宗族自治的乡村，而是中央控制下"编户齐民"的社会，或者说是一种"非宗族的吏民社会"。项继权则指出传统的乡村治理的常态既非"自治"，也非"专制"，而是实行"官督绅办"的体制。③

与之相对应的是，更多的学者认为传统乡村社会是自治的乡土社会。早在 20 世纪初，马克斯·韦伯就提出了关于传统中国"有限官僚制"的看法，"事实上，正式的皇权统辖只施行于都市地区和次都市地区……出了城墙之外，统辖权威的有效性便大大地减弱，乃至消失"④，"政权领域的各个部分，离统治者官邸愈远，就愈脱离统治者的影响"⑤。孙中山先生指出，"在清朝时代……人民与皇帝的关系很小，人民对于皇帝只有一个关系，那就是纳粮，除

① 常保国：《西方历史语境中的"东方专制主义"》，《政治学研究》2009 年第 5 期。
② 秦晖：《传统十论》，复旦大学出版社 2013 年版，第 1—68 页。
③ 项继权：《中国乡村治理的层级及其变迁》，《开放时代》2008 年第 3 期。
④ ［德］马克斯·韦伯：《儒教与道教》，洪天富译，江苏人民出版社 1993 年版，第 110 页。
⑤ ［德］马克斯·韦伯：《经济与社会》下卷，林荣远译，商务印书馆 1997 年版，第 375 页。

了纳粮之外，便和政府没有别的关系。因为这个缘故，中国人民的政治思想就很薄弱，人民不管谁来做皇帝，只要纳粮，便算尽到了人民的责任。政府只要人民纳粮，便不去理会他们别的事，其余便是听任人民自生自灭"①。在村民自治系列研究中，很多学者也认同传统乡土社会是自治社会的观点。徐勇指出，在传统中国，国家体制性的正式权力只到县一级，县以下主要依靠非体制性的权力进行治理，形成"县官治县，乡绅治乡"的权力格局。② 他2012年进一步指出，在西方话语体系中"东方专制主义"的政治体制之下，有一个长期被思想界所遮蔽的、富有东方自由主义传统的乡土社会。这种东方自由主义指日常生活形态及意识，具有自然法的特性。③ 西方话语下的"东方专制主义"在抓住了中国上层政治特点的同时未能呈现传统中国的乡土社会本色，那就是在中央集权的专制主义政体下，还有一个极富弹性的乡绅自治的社会空间。④ 整体看来，学界还是普遍认为传统乡土社会是一个自治的乡土社会，至少形成了较为完整的社会自治体系。

(二) 自生与建构：当代农村村民自治

与传统国家相比，现代国家是一种持续运转的强制性政治组织，其行政机构成功地垄断了合法使用暴力的权力。⑤ 因此，进入20世纪，随着中国越来越深地卷入现代化进程，现代国家的建构也随之展开，国家权力不断向乡村基层延伸并最终实现乡村组织与管理的国家化、行政化和官僚化。⑥ 也就是说，随着国家转型，正

---

① 孙中山:《三民主义》，岳麓书社2000年版，第89页。
② 徐勇:《现代国家乡土社会与制度建构》，中国物资出版社2009年版，第137页。
③ 徐勇:《东方自由主义传统的发掘》，《学术月刊》2012年第4期。
④ 吴晓燕、吴记峰:《回归与重塑：传统自治思想基础与现代基层治理机制创新——基于嘉陵江文化中自治思想的探讨》，《中共四川省委省级机关党校学报》2013年第4期。
⑤ 徐勇:《现代国家乡土社会与制度建构》，中国物资出版社2009年版，第9页。
⑥ 项继权:《中国乡村治理的层级及其变迁》，《开放时代》2008年第3期。

式的政权组织体系开始向乡村社会延伸，历史上一直外在国家政权组织系统的农民开始以国民的身份进入政权组织的治理系统。[①] 但总的来看，在 20 世纪上半期，尽管开始了"政权下乡"的过程，但是并没有在广大农村构建起政权组织体系，无论是权力集中能力还是权力渗透能力都十分脆弱，农村处于失控状态，国民党政权的乡村治理是"无根的统治"[②]。1949 年以后，现代国家建构所面临的依旧是一个高度分散的乡土社会，如何将散落于乡土社会的权力集中于国家，同时将集中于国家的权力渗透到乡土社会，从而改造、组织传统的乡土社会，便成为现代国家建构的重要任务。[③] 因此，国家通过"政权下乡"在农村扎根，将农村社会前所未有地国家化了；[④] 通过"政党下乡"有效平衡政党整合的精英化与社会化，将数亿农民整合到国家政治体系中；[⑤] 通过"行政下乡"使党和国家意志迅速全面地向乡土社会渗透，实现了对乡土社会的行政整合；[⑥] 通过"政策下乡"推动权力的集中与渗透，强化了农民对党和国家的政治认同；[⑦] 通过"法律下乡"，推动国家权威的重建，将社会行为规范到国家体系。[⑧]

正是在现代国家建构的过程中，村民自治在乡土社会自发产生，但与此同时，村民自治的背景及其发生、发展、走向等都与现代国家建构息息相关。[⑨] 学界普遍认为在 20 世纪 80 年代初，广西北部的宜山、罗城一带出现了农民自发形成的组织，并通过这一组

①　徐勇：《"政权下乡"：现代国家对乡土社会的整合》，《贵州社会科学》2007 年第 11 期。

②　徐勇：《"政权下乡"：现代国家对乡土社会的整合》，《贵州社会科学》2007 年第 11 期。

③　徐勇：《"政权下乡"：现代国家对乡土社会的整合》，《贵州社会科学》2007 年第 11 期。

④　徐勇：《"政权下乡"：现代国家对乡土社会的整合》，《贵州社会科学》2007 年第 11 期。

⑤　徐勇：《"政党下乡"：现代国家对乡土的整合》，《学术月刊》2007 年第 8 期。

⑥　徐勇：《"行政下乡"：动员、任务和命令：现代国家向乡土社会渗透的行政机制》，《华中师范大学学报》2007 年第 5 期。

⑦　徐勇：《"政策下乡"及其对乡土社会的政策整合》，《当代世界与社会主义》2008 年第 1 期。

⑧　徐勇：《"法律下乡"：乡土社会的双重法律制度整合》，《东南学术》2008 年第 3 期。

⑨　徐勇：《现代国家的建构与村民自治的成长》，《学习与探索》2006 年第 6 期。

织管理公共性事务。① 显然,最初的村民自治组织是在自然村的基础上基于农民的内在需要与久远的自治传统而自发形成的社会自组织,是人民公社解体后农民通过自我组织和自我管理的方式解决基层治理的紧迫问题。② 这一群众自治组织的内涵就是自我管理、自我教育、自我服务,解决的主要问题是"治理真空",自治以秩序为导向。③ 由此,这一时期村委会的责任就是管理自然村的地方事务,而并不执行国家政策,也不依赖乡镇政府指导他们工作。

关于村民自治的争论主要集中在以建制村为基础的规范规制的村民自治发展阶段。④ 一方面,村民自治的支持者对村民自治的发展给予了充分的肯定。彭真当年就指出:"把一个村的事情管好了,逐渐就会管好一个乡的事情;把一个乡的事情管好了,逐渐就会管好一个县的事情,逐步锻炼,提高参政议政能力。"⑤ 徐勇也认为,村民自治的事实对于变传统的单一性国家治理为国家与社会分权治理、变传统的臣民社会为公民社会具有重要意义,与此同时,它还将推动代表制民主的发展。⑥ 另一方面,村民自治的批评者们却对村民自治提出了质疑,他们认为村民自治本质上是一种国家建构的自治,是国家政权在基层的延伸。村民自治的批评者沈延生就认为,从人民公社体制下的生产大队到改革开放后的村民委员会,不过是改了一个名称而已。⑦ 郑永年也指出,在中国,民主"可能是

①　徐勇:《伟大的创造从这里起步》,《炎黄春秋》2009 年第 9 期。

②　徐勇、赵德建:《找回自治:对村民自治有效实现形式的探索》,《华中师范大学学报》(人文社会科学版) 2014 年第 4 期。

③　徐勇、赵德建:《找回自治:对村民自治有效实现形式的探索》,《华中师范大学学报》(人文社会科学版) 2014 年第 4 期。

④　徐勇、赵德建:《找回自治:对村民自治有效实现形式的探索》,《华中师范大学学报》(人文社会科学版) 2014 年第 4 期。

⑤　任中平:《基层民主在党内民主带动人民民主进程中的地位作用与现实路径》,《天府新论》2014 年第 1 期。

⑥　徐勇:《村民自治:中国宪政制度的创新》,《中共党史研究》2003 年第 1 期。

⑦　沈延生:《关于村民自治及村民自治研究的评述》,《当代中国研究》2003 年第 2 期。

精英送给社会的一种'礼物'，而不是各种社会势力根据自己的愿望而创造出来的一种制度"①。尤其是在 20 世纪 90 年代后期，这一时期既是村民自治搞得最红火的时候，也是中国农村困境逐步开始显露的时候，也就是说，小社区的自治机制根本影响不了大环境的不民主决策对农民切身利益的侵害。②

21 世纪，国家建构下的村民自治的各种问题开始集中呈现，最核心的问题还是在于村民自治的行政化问题。村委会一级来自村民选举的合法性一般仍需接受乡政府的指导、介入。一定意义上说，国家不是缩小了在农村的管理范围，而是改变了对农村的管理方式。③ 彭大鹏也认为村民自治是国家政权在乡村社会重建的一种方式。④ 吴理财则指出，村民自治的推行并非国家从乡村社会的退出，相反是国家真正深入乡村社会的表现。⑤

（三）探索与挖掘：村民自治形式创新

村民自治在农村治理中一度"失落"，并不意味着村民自治没有价值，相反，其内在价值总会让其在不断的实践中展现自己的力量。⑥ 近年来，村民自治不断在实践中寻找新路，村民自治研究也随之开始挖掘村民自治的多种有效实现形式。

1. 关注自治单元

村民自治的最佳单元在哪里，一直以来都是学界关注的焦点。

---

① 郑永年：《乡村选举与村镇组织建设——兼论中央和地方关系的制度性变迁》，《两岸基层选举与政治社会变迁——哈佛大学东西方学者的对话》，台北月旦出版社 1998 年版，第 373 页。

② 沈延生：《关于村民自治及村民自治研究的评述》，《当代中国研究》2003 年第 2 期。

③ 毛丹：《乡村组织化与乡村民主——浙江萧山市尖山下村观察》，《中国政治》2004 年第 3 期。

④ 彭大鹏：《村民自治的行政化与国家政权建设》，《北京行政学院学报》2009 年第 2 期。

⑤ 吴理财：《村民自治与国家政权建设》，《学习与探索》2002 年第 1 期。

⑥ 徐勇、赵德建：《找回自治：对村民自治有效实现形式的探索》，《华中师范大学学报》（人文社会科学版）2014 年第 4 期。

张乐天在对人民公社的研究中就指出，人民公社从大公社退回重建生产队，形成"三级所有，队为基础"的体制，就是一种对最优治理单位的回归。① 程同顺等认为村民小组是一个天然的利益共同体，社会资本存量丰富，在村级利益表达和相关政策执行中发挥着独特的功能，这些功能对于维持稳定、高效的村民自治体系具有不可或缺的作用。② 从 2014 年开始，以徐勇教授领衔的村民自治研究团队发起了村民自治"第三波"的研究，将研究的重心放在了自治单元上，探索村民自治有效运转的最佳单元。③ 邓大才以及任路、胡平江等研究人员主要从利益相关、文化相连、地域相近等角度对自然村或村小组自治进行了研究。④ 徐勇等还进一步提出要着力打造多级自治体系，将自治进行横向的拓展与纵向的延伸。⑤ 当然，对于自治单元下移，也存在不同的声音。陈明认为村民自治的运行困境可能并不是"单元下沉"所能解决的，他提出农村市场化进程带来的家户消费膨胀以及家户主义的盛行是导致村民自治无法"落地"的根本原因。⑥

2. 关注内生动力

村民自治"第三波"运用的组织资源是在建制村以下，特别是利用自然村或者地域相近的村落建立起相应的自治组织，是运用农村内部力量参与解决农村社会问题。问题和解决问题的力量都是内

---

① 张乐天:《告别理想:人民公社制度研究》，上海人民出版社 2012 年版，第 69 页。

② 程同顺、赵一玮:《村民自治体系中的村民小组研究》，《晋阳学刊》2010 年第 2 期。

③ 徐勇、赵德建:《找回自治:对村民自治有效实现形式的探索》，《华中师范大学学报》（人文社会科学版）2014 年第 4 期。

④ 邓大才:《利益相关:村民自治有效实现形式的产权基础》，《华中师范大学学报》（人文社会科学版）2014 年第 4 期;任路:《文化相连:村民自治有效实现形式的文化基础》，《华中师范大学学报》（人文社会科学版）2014 年第 4 期;胡平江:《地域相近:村民自治有效实现形式的空间基础》，《华中师范大学学报》（人文社会科学版）2014 年第 4 期。

⑤ 徐勇、赵德建:《找回自治:对村民自治有效实现形式的探索》，《华中师范大学学报》（人文社会科学版）2014 年第 4 期;朱敏杰、胡平江:《两级自治:村民自治的有效实现形式——兼论农村基层民主实现的合理规模》，《社会主义研究》2014 年第 5 期。

⑥ 陈明:《村民自治:"单元下沉"抑或"单元上移"》，《探索与争鸣》2014 年第 6 期。

生的。① 李滔在对贵州凯里"组管委"这一村民自治创新形式进行研究后指出，民主根植于社会生活、回归于社会生活，各地群众在当地社会生活中形成的"地方性知识"就是丰富的，可供国家政权影响和开发的"本土资源"。② 高新军在对南京六合区赵坝的"农民议会"进行研究后认为，赵坝的"农民议会"将党组织、村委会与自然村中传统的家族、宗族、士绅、能人、乡情等组织资源进行整合，走出了一条增强农民自组织能力的路子。因此，要充分相信农民，相信农民的创新能力，相信农民能够正确行使民主的能力。③ 徐勇更是在对湖北杨林桥的调研中发现，当地政府按照"地域相近、产业趋同、利益共享、规模适度、群众自愿"的原则建立的"村委会—社区理事会—互助组—基本农户"的新型农村社区自治组织机构最终重构了农村微观组织体系。④ 他还在关于广东云浮三级理事会的调研总结中写道："任何一种管理体制都是建立在一定财产关系基础上。无论是生产，还是生活，村民小组与农民更接近，农民也更愿意以村民小组为单位管理公共事务，共建美好家园。这是村民自治的持久动力。离开了村民小组这一层级，村民自治就缺乏坚实的支点和持续的动力，就会'悬空'。"⑤

3. 关注自治传统

早在村民自治研究伊始，徐勇就在对湖南益阳秀村的研究中指出，传统中国实际上是一个家族社会，严密的家族组织体系和强有力的家族武装，使秀村的治理具有高度的家族自治性，任何国家权

① 徐勇、赵德建：《找回自治：对村民自治有效实现形式的探索》，《华中师范大学学报》（人文社会科学版）2014 年第 4 期。

② 李滔：《寻找"最基层"：民族村寨村民自治研究》，博士学位论文，中央民族大学，2011 年，第 146 页。

③ 高新军：《赵坝"农民议会"力促村民自治》，《中国改革》2008 年第 8 期。

④ 徐勇：《农村微观组织再造与社区自我整合》，《河南社会科学》2006 年第 5 期。

⑤ 徐勇、周青年：《"组为基础，三级联动"：村民自治运行的长效机制》，《河北学刊》2011 年第 5 期。

力的统治和渗透都需要经过家族体系发生作用。① 他还在对云浮与清远的自然村理事会研究中指出，开发传统治理资源的尝试具有方向性意义，这是因为传统与现代并不是对立的、割裂的，特别是乡村社会是经过长期历史过程自然形成的，其历史的延续性更强。② 任路在研究中进一步指出，当前关于是否需要传统文化资源已经不会有太多的质疑，可是如何有效地利用传统文化资源仍需继续探索，而各地村民自治的实践给出了部分答案，那就是将传统文化嵌入现代治理框架。③ 当然，徐勇教授也曾指出，体现现代民主理念的村民自治所依托的社会是一个现代理性化社会，所以，传统的家族组织是不可能成为村民自治的社会组织基础的，而且传统家族组织经过政治经济冲击早已面目全非，所谓纯正的家族本土资源只能是学者们的一种想象。④ 徐增阳也在研究中指出，传统自治与现代自治在自治与国家能力，自治权的来源、性质与保障，国家对自治体的监督、自治与民主的关系等方面都有显著的差距。⑤

　　上述简单的学术梳理不免有所疏漏，但已经大致勾勒出学界对于乡村自治研究的整体发展脉络，尤其是对于村民自治"第三波"的相关研究有了一个较为详尽的介绍。但在梳理的过程中，笔者也产生了一定的困惑，而这些困惑也恰恰就是本书所要解决的问题。

　　一是传统乡村自治与现代村民自治的区别何在？传统乡村自治是内生于传统乡土社会的较为完整的自治形态，而现代村民自治则是在现代国家建构与乡土社会变迁双重影响下衍生出的自治形态。传统乡土社会面临较为恶劣的生存环境，缺乏正式的体制性力量的

---

① 徐勇：《浸润在家族传统文化中的村民自治》，《社会科学》1997 年第 7 期。
② 徐勇、吴记峰：《重达自治：连接传统的尝试与困境》，《探索与争鸣》2014 年第 4 期。
③ 任路：《文化相连：村民自治有效实现形式的文化基础》，《华中师范大学学报》（人文社会科学版）2014 年第 4 期。
④ 徐勇：《村民自治的成长：行政放权与社会发育》，《华中师范大学学报》（人文社会科学版）2005 年第 2 期。
⑤ 徐增阳：《自治：传统与现代的比较》，《经济社会体制比较》2008 年第 1 期。

支撑，很多公共事务只能通过社会自治的方式加以解决。当然，传统时期行政能力的限度也是与其财政收入水平紧密相连的，有限的财政收入造成了"皇权不下县"的无奈。由此，现代社会中政府行政与公共服务下乡是否也是乡土社会的一种内在需要，高税负下的政府是否也应该承担起更多的政府责任？另外，现代农村村民自治所面对的是否本就是一个不同于传统自治的社会基础与体制环境，两种自治本就是两种完全不同的自治形态？

二是社会自生自发与现代政府建构如何共存？从传统社会自治到现代村民自治，首先变化了的是乡土社会的基质，其次变化了的则是国家干预的力度与方式。从传统的宗族村社会自治到现在的自然村草根自治，它们与建制村村民自治最根本的区别到底是在于自治的基本单位还是在于自治的体制环境？激活自治资源的重点在于探索新的自治单元还是重塑自治的自治性以及挖掘自治的内生动力？新一轮的村民自治有效实现形式的探索更加注重自治单元的下移而不是自治机制的下移，更加注重对行政村以下村民自治基本单元合理性的论证而不是对村民自治行政化问题的破解以及内生动力的挖掘，这是否会使村民自治在重心下移之后在新的自治层级上进一步造成草根自治的行政化，从而形成村民自治重心下移改革的悖论？

三是在自治规模、宗族关联、利益连接等影响自治的关键变量中，哪一个是影响自治发展的最为核心的变量？在村民自治"第三波"的研究中对自治的实现条件进行了全方位的探讨，实质上也就是对自治的关键变量进行了探讨。显然，在建制村以下的层面，自治规模更适于直接民主，基于血缘的宗族关联性更强，利益连接机制也更多。但是，在这些变量中，哪一个是最关键的？这一问题的探索将对新时期激活自治的路径选择具有重要意义。

四是现代化进程中的传统复兴、现代国家建构下的自治重构，都是一种对传统力量、本土资源的注重。但现代化是一个不可逆的过程，变迁中的乡土社会也需要崭新的治理模式与之相契合，这也就是党的十八大所提出的治理现代化。由此，在现代化进程中的复归传统自治的改革创新是否契合乡土社会实际？是否符合农村治理发展方向？在现代国家建构不断推进、市场经济机制不断深化的现代乡土社会，坚守本土资源、复归传统自治是否可行？如果行不通，那么有哪些传统资源可以挖掘？又该如何挖掘？

所有的这些问题，都将是本书着重要探究的问题，对这些问题的解答也将是本书最大的学术求索。

三　研究视角与研究价值

（一）研究视角

村民自治将往何处去？这可能是近年来全社会在面对村民自治诸多问题时的共同叩问，也是学界在村民自治式微乃至"村民自治已死"的状态下的重要学术求索。学术未曾真正止步，实践更是锐意进取，乡土社会探索村民自治新的有效实现形式的前行脚步从未停止。近年来，村民自治在发展过程中不断推进以问题为导向的改革创新，并呈现出不同的发展路向。广东南海的"政经分离"、广东顺德的"政社分离"、四川成都的"党政经三分离"、上海的"一号课题"都是试图通过打破"三块牌子、一套班子"的运行体制来为村民自治减负；四川成都的"联合议事会"、广东云浮的"三级理事会"、广东中山的"社区建设协调委员会"等则是着眼于现代化进程中为解决更大范围的公共事务而在更高层面、更大范围内实行村民自治；从贵州凯里的"组管委"、南京六合的"农民议会"、湖北杨林桥的"社区理事会"、广东云浮的"村民理事会"、广西河池的"党群理事会"直至广东清远的"村民自治下移"，则是形成了一条完整的挖掘传统自治资源、复归自然村自治传统、激活社会自治力量的"向下要力"的改革路向。那么，为什么要直指传统？传统能够为它提供什么？复归自然村自治传统的改革又能否真正激活村民自治资源？村民自治最终的出路到底在何方？带着这样的学术求索，本书主要从以下四个研究视角展开。

1. 现代化进程中的社会变迁

传统中国，皇权不下县，农村由一个个千百年来自然形成的村落组成。尤其是在华南地区，很多村民都是因战乱等原因不断南迁的客家人，他们同宗同族、一脉相承，形成了一个个宗族型自然村落。正是在这相对完整的宗族社会中衍生出了一整套的社会自治机制，建构起了完整的乡村自治社会。当然，传统乡村自治共同体的形成也不完全是社会自主选择的结果，更多的也是社会的无奈。传统时期，正式的体制性权力对乡村社会的控制能力有限，服务能力更是几乎可以忽略不计，官府甚至连最基本的安全保障都难以提供。农民只能以村落为基本单元联合起来，从自卫到自强再到自治，在广大乡村社会形成了一个个对外相对封闭、对内实行自治的社会共同体。但近现代以来，随着现代国家建构的不断推进，尤其是新中国成立后国家对乡土社会的有效整合，国家体制性权力逐步渗入乡村，并呈现不断下移的趋势，相对封闭的乡村社会开始受到外部力量的冲击。到改革开放之后，乡村社会在市场经济的裹挟下逐步流动起来，乡村宗族社会的发展开始面临根本性的危机。一方面，宗族社会外部环境的改变导致了内部的分化。宗族村庄不再面临很强的外部生存危机，但外部危机的解除却导致了内部凝聚力的减弱。另一方面，随着农村在社会保障、公共服务等方面的需求不断增长，行政下移不再仅仅是政府的意图，也已经是农村社会内部的需求。总之，当前的农村宗族社会已经是一个社会化、市场化、行政化倾向十分明显的宗族社会，而不再是那个传统意义上完整的宗族社会。在这样一个不具备宗族社会完整要素的乡村社会中，自治的元素仍旧存在，自治的底色依稀可见，但完整的自治形态却一去不复返了。从区域类型学的角度来看，华南相对于全国其他地区而言，更具有社会自治的社会土壤与氛围。由此，对华南变迁中的社会土壤进行细致的考察成为本书重要的研究视角。

2. 现代化视域下的传统复兴

传统时期的那个完整的农村宗族社会形态已经不复存在，那么现代化视域下的传统能否真正复兴？其实，如何面对传统一直是现代化进程中的一个重要考量，国内外对于在现代化困顿中是否复兴儒学的争论此起彼伏，而对于"民主""宪政""普世价值"等价值观的争论也折射出国人对于现代化进程中是该拥抱西方文明还是该关照本土传统的犹豫与徘徊。当然，作为乡土中国，最大的传统还是千百年来形成的自然村落自治传统，整个中华文明也是从此发育并成长起来的文明。时至今日，中华文明也依旧还是扎根于乡土社会之中。广东清远等地对传统乡村自治的复归无疑是现代化进程中传统复兴的重要组成部分，甚至是传统复兴的内核。当然，对自然村自治传统的复归主要还是源于现代化进程中乡村治理的挫折与困顿，以现代民主政治为最终皈依的村民自治非但未能实现乡村社会的善治，在广大基层干部看来甚至还"搞乱了农村"。而在很多学者看来，"皇权不下县"的传统自治是一种较为理想的治理模式，当下建制村村民自治非但未能重现学者心中的乌托邦，反倒在行政化力量的挤压之下不断的式微，甚至于"村民自治已死"。与此同时，另一种自治的力量开始引起全社会的关注，那就是建制村以下的尤其是在自然村、村民小组层面的社会自发的以血缘关系、地缘关系、文化信仰关系而形成的更为有效的多种自治形式。由此，传统的力量更为社会所关注，传统的惯性更为社会所认可，人们开始思索借助传统自治资源乃至复归千百年来的自然村自治传统来激活村民自治、重建村民自治。但问题的关键在于，我们已然在现代化的发展轨道上，现代化已经成了社会发展的主流，哪怕是最偏远的农村地区也已经卷入了现代化进程之中。现代化下村庄不再是一个相对封闭的空间，传统自治已经失去了最基本的社会基础。退一步讲，即便传统自治可以复兴，传统自治形态是不是现代化进程中的我们依然期待的，也已经是一个大大的问号。由此，现代化进程中的传统复兴为什么复兴、复兴什么、如何复兴、能否复兴成为本书重要的研究视角。

3. 现代国家体系中的自治建构

村民自治的发生、成长都是伴随着现代国家的建构，当前的自治重建也是在整个现代国家体系之下由政府主导的重建，这与传统自治在整个社会大环境上有了质的不同。学界对传统乡村自治的认识目前仍有一定的分歧，但不管是认为"皇权不下县"还是对此表示质疑的学者，都无法否认，传统社会皇权对乡土社会的控制能力是有限的，即便可能是政府认为不必要进行干预。① 从社会的角度讲，传统农村社会的居民对于政府的需求也是有限的，正如孙中山先生所说："人民对于皇帝只有一个关系，就是纳粮，除了纳粮之外，便和政府没有别的关系。政府只要人民纳粮，便不会去理会他们别的事，其余都是听人民自生自灭。"② 农民与国家缺乏有机的联系，从而导致一盘散沙的离散状态。③ 这里的"自生自灭"一词深刻地反映了传统乡村自治的体制环境，在皇权对乡村的"不闻不问""自生自灭"态度之下，乡村自治既是农民的需求，也是农民的无奈，这也就在客观上为自治的发展创造了宽松的社会环境。自晚清开始，国家政权开始由县到乡村，出现了所谓"政权下乡"过程，尤其是新中国成立之后党领导下的政权建设打通了农民与国家的政治联系，建立起纵向集中与渗透、高度统一的治理体制。④ 时至今日，国家的触角已经通过各级政府、各级党组织渗透到了社会的每一个细胞之中，社会自治面临的也不再是一个国家力量缺失的

---

① 项继权：《中国乡村治理的层级及其变迁》，《开放时代》2008 年第 3 期。
② 孙中山：《三民主义》，岳麓书社 2000 年版，第 89 页。
③ 徐勇：《现代国家建构与促民自治的成长》，《学习与探索》2006 年第 6 期。
④ 徐勇：《现代国家建构与促民自治的成长》，《学习与探索》2006 年第 6 期。

体制环境,社会自治注定要与国家建构齐驱并进。但不可忽视的是,国家目标与社会意愿之间也存在着内在的张力,这也是近年来建制村村民自治日趋行政化的重要原因之一。村民自治"第三波"中的村民自治重心下移改革仍旧无法脱离整个压力型行政体制,自治重心下移改革仍旧是政府主导的治理创新,那么下移到村民小组或自然村一级的村民自治能否真正实现自治与行政的适度分离也就成为一个很值得关注的视角。当然,现代化进程中的乡村社会也不再是自给自足的"桃花源",对政府公共管理与公共服务的需求也已经根植于乡村社会内部。因此,在现代国家体系下如何实现村民自治的重建,也是本书的一个重要研究视角。

4. 市场经济体制下的治理转型

传统宗族社会以及宗族社会内生出的社会自治其实也是建立在传统时期自给自足的小农经济基础之上的。在传统时期落后的小农经济条件下,自治不仅是农民的政治权利,更是内生于宗族社会的农民的社会权利、经济权利,自治甚至是为了最基本的生存,是农民天然的生存权的一部分。一方面,自给自足的传统小农经济决定了宗族社会的相对封闭性,在宗族村庄内部形成了一个自运转的生产生活体系。另一方面,生产力的低下也让村民不得不抱团取暖,共同抵抗自然灾害等单靠个体小农难以抗衡的基本生存问题。新中国成立后,我国广大农村地区的生产力不断提升,农民的生存环境得到了很大的改善,宗族社会在生存压力之下形成的内部凝聚力随之逐步减弱。改革开放以来,我国逐步地确立了市场经济体制,市场经济的重要特征就是开放性与全球性,市场经济体制下的乡村社会也迅速地由相对封闭走向全面开放。市场经济对传统宗族社会的冲击是根本性的,尤其是市场经济下人口的流动,开始从根本上动摇着宗族社会的根基。以广东省为例,发达的珠三角地区的宗族社会面临的是外来人口的大量涌入,外来人口要求经济权利、政治权利与社会权利,原有的带有浓厚的宗族共同体色彩的集体经济体制在经历了股权、产权固化之后逐步地减弱了其共同体色彩，走向了更具私权性质的个体经济与合作经济。欠发达的粤东西北地区则人口大量外流，尤其是青壮年劳动力的流失，使农村宗族社会在日常生产生活中缺失了最核心的中流砥柱，宗族社会从内部面临着瓦解的危险。当然，现代化是一个长期而漫长的过程，农村的消亡更不是短时间内的事情。也恰恰是在这个较长时间的现代化过程中，广大农村地区产生了留守儿童、留守妇女、留守老人等一系列的时代命题。在这样一个市场化的环境下，村民自治显然也要有一个转型发展，以适应变化发展了的乡村实际。

（二）研究价值

党的十八大提出了国家治理现代化的战略目标，在这一时代背景下对村民自治的最新发展走向进行微观层面的实证研究，尤其是对于这样一场旨在援借传统自治资源、复归自治传统的社会改革试验所面临的社会根基与社会土壤进行参与式观察与研究，将对村民自治研究与村民自治实践产生重要的意义。

1. 理论意义

本书在对清远市村民自治重心下移这一改革实践的全过程进行参与式研究的同时，更加侧重于对改革的依据和改革的土壤进行细致的实证性分析，从而在更加微观的层面研究当前村民自治重心下移的社会基础。三十多年来，关于村民自治的研究已经是汗牛充栋，但绝大多数都是以"价值—制度"范式进行研究，大都是从乡村社会的外部来研究村民自治，而对治道、对村民自治的微观机理和隐秘机制缺乏足够深入的研究，对村民自治产生的社会土壤缺乏足够全面的认知。本书就是着重研究自治的实现条件、关键变量以及隐秘机制，着重向"形式—条件"范式转换，从乡村社会的内部来找寻自治的内动力。由此，本书的主要理论意义就在于以参与式研究的新方法、以"形式—条件"的新范式从乡村社会的内部对村民自治的微观机理与隐秘机制进行研究，进而追根溯源，将村民自治的研究进一步深化。

2. 现实意义

当前，中国正处于快速的城镇化进程之中，城镇化深刻地改变着中国的农村。但中国的城镇化又必将是一个长期的历史过程，不可能一蹴而就。因此，中国的农村还将长期存在，农村治理还需不断推进。基层不牢，地动山摇，农村治理现代化是整个国家治理现代化的重要组成部分，甚至是国家治理现代化的根基。而在"乡政村治"体制下村民自治逐步陷入了困局，如何使自治运转起来也就成为农村治理中的最大求索。清远的村民自治重心下移改革直指传统的自然村自治，试图在复归自治传统、激活自治资源的基础上实现乡村社会的自治。更为重要的是，这一改革路向在更高的层面上得到了一定的认可，有可能在全省乃至全国推广。那么，现代化视域下的这样一场复归自然村自治的改革能否达到预期成效，基于宗族社会这一社会底色的改革实践又能否推向全国，本书将进行深入的研究分析。

四　研究思路与论文结构

本书通过对清远市村民自治重心下移的历史依据与社会基础也就是传统时期完整的宗族社会自治与当前的建制村以下的草根自治进行全方位的研究，进而对村民自治重心下移的改革理念与过程进行全方位分析，并对村民自治重心下移的改革成效进行深入分析。在此基础上，本书的最后将对村民自治重心下移改革形成基本的结论，并针对现代化进程中乡土社会的实际情况提出村民自治改革创新的建设性意见。本书紧紧围绕村民自治重心下移改革，重点研究当前体制环境与社会影响下村民自治重心下移改革的有效性与局限性，从实践出发，用事实说话，将村民自治研究引向更深入，将现代化理论研究推向新高度。

本书除了导论部分之外，共分为四章。

第二章，"社会内生性的传统自治：村委会下移的历史依据"。传统自治是一种内生于传统宗族社会的自治形态，清远村民自治重心下移改革正是看到了这种内生性自治的强劲生命力以及重要作用而推进的一场复归自然村自治传统的改革。由此，传统乡村社会自治这一完整的社会自治形态是村民自治重心下移改革的历史依据，对传统乡村自治的深入考察将有助于我们审视当下的村民自治以及村民自治重心下移改革。

第三章，"国家建构下的村民自治：村委会下移的社会基础"。清远村民自治重心下移改革的实施最初正是因为改革者看到了行政村村民自治的式微以及自然村村民自治的力量，看到了建制村以下的乡村社会广泛存在着的草根自治的形式及其重要作用。当然，必须要同时看到的是，当前的乡村草根自治也是在不完全宗族社会基础上衍生出的不完整的社会自治形态，更是现代国家建构下的村民自治的重要组成部分，与传统社会相比已经有了较大的差距。本章就是要对这种不完整的社会自治形态进行深入的探究，从根本上挖掘村民自治重心下移改革的制度原型。

第四章，"草根自治的再度行政化：村委会下移的改革实践"。本章将对村民自治重心下移改革的全过程进行全面考察，尤其是对改革的关键阶段也就是村委会选举前后村庄围绕权力的争夺进行细致考察，从而对村民自治重心下移改革有一个直观的了解。其实，也正是从这一时间段开始，以自治机制下移为中心的村民自治重心下移改革转变为以组织下移为中心的村委会下移，村民自治重心下移改革也形成了第一个悖论，那就是试图激活自治资源的改革反而导致了草根自治的再度行政化，改革走向了它的对立面。但在村民选举之后，喧嚣的云台村随着新农村建设主体工程的结束而再次回归到往日的平静，村庄的运行在经历了一段时间的沉淀之后却又自发地进行着内部的整合,乡村社会的草根自治在体制性权力逐渐退场或者说减弱之后再次萌发出新的生命力。这样一个对村委会下移改革全过程的考察无疑将对我们思索村民自治的有效实现形式具有重要的启发意义。

第五章,"余论:现代国家建构中的村民自治资源挖掘"。村民自治重心下移改革为我们重新思考自治提供了一个很好的契机,尤其是改革中复归自然村自治传统的改革路向对我们发掘传统自治与现代自治具有重要的启发意义。以云台村为样本,对这场改革的参与式观察与探究性思考不仅有助于我们解读这场改革,还有助于我们更深刻地理解整个村民自治30多年的发展变迁。本章就是对村民自治重心下移改革的理论思考,传统自治能否复归? 如若不能,传统自治资源能否挖掘? 又该如何挖掘?

五 研究方法与田野工作

本书最主要的研究方法就是参与式研究法与个案研究法。

参与式研究法是本书最为主要的研究方法。首先,本书的选题就是笔者在参与式观察中产生问题的基础上最终确定的。本书的田野工作,除了对华南宗族村落的传统自治形态的研究之外,对于村民自治重心下移改革过程以及其所引发的乡土反应的考察主要是采取了参与式研究的方式。当然,在本书中,参与式研究不仅局限在村庄的层面,还扩展到了改革的设计与实施层面,从改革的不同参与主体的角度来审视这场改革。具体说,一方面,笔者通过新农村管委会这一平台参与了云台村改革与建设过程中每一个文件、每一个规划乃至每一个决定的讨论与制定过程,对云台村改革试验有了一个自上而下的系统认知;另一方面,笔者又融入村庄内部,尤其是与村庄理事会成员形成了紧密而有效的互动,最直接、最及时地了解了改革所引起的乡土反应,对改革的绩效也有了最直观的认识。两个层面、两个视角的参与式研究让笔者对整场改革有了更全面、更深入的认识，尤其是更深地把握了这场改革中地方政府自上而下的制度创新与乡土社会自下而上的实践创新之间的关系。参与式研究是本书最为重要的研究方法，也是本书的生命力所在。可以说，本书的最终成效主要取决于参与式研究过程中对乡土社会及改革过程把握的细腻程度与深入程度。

　　个案研究法同样是本书倚重的研究方法。个案研究法一直以来都是农村实证研究中非常倚重的研究方法。从费孝通先生开始，这一方法就广泛地应用于对中国乡土社会的研究之中。当然，如何超越个案也成为学术界近年关注的热点，而本书采用村庄个案分析的方法当然也是由本书的选题所决定的。首先，清远村民自治重心下移改革是一场在全市范围内推进的改革，虽然后来在推进过程中主要是在三个试点镇推进改革，但这依旧是一场涉及范围较广的改革试验。村民自治重心下移改革的主战场则是在自然村与村民小组一级，而且村民小组与自然村一级既有的自治活力也是村民自治重心下移改革的重要依据。由此，本书将研究的重心放到了自然村，对改革理念的审视、对改革方案的评判、对改革绩效的追踪大多都建立在自然村的层面。其次，本书致力于通过对华南宗族村落的社会变迁以及社会变迁所引发的自治机制创新的考察来审视清远市村民自治重心下移改革。因此本书最为重要的就是对传统时期以及当下的华南宗族村落的内在基质的探究。要完成这样一个学术旅途，以宗族型单姓自然村落为研究单元无疑是最优选择。

　　多种研究方法的综合运用也是本书研究方法的一个特色。在主要的参与式研究法与个案研究法之外，笔者在云台村研究中也使用了其他很多具体的研究方法。一是文献资料法。对于云台村乃至整个佛冈传统社会以及传统自治的研究主要是采取了资料分析法。在这里不能不提到佛冈县史志办的前辈们。佛冈县史志办曾荣获"2010年党史系统先进集体"称号，近年来的相关成果蔚为可观，为后来的研究者提供了很大的便利。二是口述史法。云台村作为一个自然村,基本没有什么文字材料流传下来,留下来的都是代代相传的口述史。这些口述史成为了解云台历史的最翔实的资料。对于云台村的口述史研究,也主要是通过云台村的明白人。他们对云台村的历史如数家珍,娓娓道来,不像是对家族变迁历史的叙述,倒更像是对家族历史的一种炫耀。当然,对于口述历史的信度问题,本书主要还是通过多人访谈、相互印证的方式来解决。三是访谈法。对于田野研究而言,访谈法自然也是很重要的研究方法。笔者在云台村的访谈,可能跟一般的访谈有一定的区别,笔者不希望为访谈而访谈,而更愿意将访谈融入日常的对话之中,在聊天中有意地去找寻自己感兴趣的问题的答案。这样的访谈得到的答案可能更贴近受访者的真实想法,更接近事实。

当然,不管是运用怎样的研究方法,但凡是农村实证研究,都需要长久而扎实的田野工作。徐勇教授所带领的团队在讨论村治研究的共识与策略时提出了田野的灵感、野性的思维、直白的文风、平和的心态、深刻的片面、分步的策略六个方面。[①] 这其中,田野的灵感的提出主要是基于学术界普遍存在的研究脱离中国实际尤其是中国现代化建设实践的问题,因此要确立田野调查的优先位置,强调问题意识来自田野,强调必须了解中国农村的实际情况。[②] 对笔者影响更为深远的则是"平和的心态"。徐勇教授认为,在村治研究乃至整个中国社会科学研究中,浮躁之气弥漫,学术界缺乏对学术研究中清贫和寂寞的足够心理准备。当然,"平和的心态"在针对村治研究中急功近利心态对村治研究的破坏性的同时,也可以防范村治研究中的激情对成果的科学性的影响。[③] 徐勇教授还进一步撰文指出,"三农"研究之热与"三农"研究的成就并不成比

---

① 徐勇等:《村治研究的共识与策略》,《浙江学刊》2002 年第 1 期。
② 徐勇等:《村治研究的共识与策略》,《浙江学刊》2002 年第 1 期。
③ 徐勇等:《村治研究的共识与策略》,《浙江学刊》2002 年第 1 期。

例，其重要原因在于问题引发激情、激情冲淡学理。没有学理的支撑与提升，"三农"研究不仅难以产生有价值的成果，而且会极化为"三农研究的问题"①。换言之，田野工作中重要的就是真实的发现，发现真实，这也就是张静所强调的，社会科学研究的基本原则就是基于事实证明。②

笔者的幸运在于笔者最终融入了云台村，成为云台村的一分子，长时间的驻村观察尽可能多地打破了迷雾，了解到事情背后的真相。当然，正如上文所说，长时间的田野工作也需要平和的心态，只有在正确的研究态度与研究方法的规制之下，田野工作才能取得最大的成效。而田野工作所得成果的总结与提升，则更需要在野性的思维、直白的文风的指引下继续前行。而本书所要追求的，可能就是在田野工作的基础上形成哪怕是片面的深刻。

六 研究因缘与个案介绍

云台村，③位于东经 113°25′25.18″、北纬 23°53′38.77″，原属广东省清远市佛冈县，是一个自然村，又是一个村民小组。云台村所在区域又被称为龙南或新农村试验区，皆因 2005 年之前云台所属建制村与另外 5 个建制村本同属龙南镇，2005 年合村并镇后，龙南镇并入石角镇，成为石角镇的一个片区。2011 年底，佛冈县又在原龙南镇区域内设立广东省社会主义新农村建设试验区（以下简称"新农村试验区"）。由此，人们又习惯上称云台村所在区域为龙南或新农村试验区。2014 年清远市村民自治重心下移改革中，云台村

---

① 徐勇：《社会化小农：回到事实与学理原点》，《华中师范大学学报》2006 年第 3 期。

② 张静：《社会学论文写作指南》，上海人民出版社 2008 年版，第 9 页。

③ 出于学术伦理与学术规范的考虑，本书对涉及的地名、人名都进行了技术处理。其中，对正文中的人名、地名进行了匿名处理，对注释中受访者个人信息中的人名、地名则用字母代替。但是在这样一个信息化的时代，对于受访者及本书涉及人物个人信息的绝对保护是很难做到的，在此也只能对于本研究给当事人可能带来的不便表示歉意。

与相隔的瓦田寮组成了新的村民委员会，也取名云台村。

云台村是一个吴氏单姓自然村落，笔者考察时，村庄有 82 户居民，常住人口 300 人，其中，男性 155 人，女性 145 人。云台村有水田 230 亩，山地、旱地 550 余亩，人均土地面积较少。作为单姓村落，云台村村民同宗同族、一脉相承，是一个典型的华南客家宗族村落。宗族村庄的特征浸染了云台村每一个角落，是云台村最本质的内在与最本真的底色。云台村所属的佛冈县位于广东省中部，处于珠江三角洲大三角边缘地带，距广州城区 70 千米，离白云机场 60 千米，周围建有清远、英德西、广州南等高铁站。佛冈境内京珠高速横穿而过，省道、县道交织成网，交通十分便利。佛冈又属于粤北山区，风景秀丽，空气怡人，是广州乃至整个珠三角地区的后花园。

2012 年 8 月，因为项目合作的关系，笔者第一次到了佛冈，到了新农村试验区，开始了解这场旨在探索纯农业地区新农村建设路径的社会试验。2012 年 11 月，笔者开始正式进场跟踪观察，主要是与试验区管委会的工作人员一起以自上而下的视角观察这场新农村建设试验所引发的乡村社会变革。几乎与此同时，2012 年底，清远市村民自治重心下移改革正式启动，笔者也因此有幸见证这场改革的全过程。2013 年 4 月，为了进一步加快新农村建设，试验区管委会决定首先在试验区内打造一条集产业基地、旅游景点、风情新村为一体的乡村风情长廊，云台村被确定为这条长廊上最重要的节点，成为新农村建设的试点村，笔者也因此开始走进云台村、认识云台村，并于 5 月 30 日正式住进了云台村，住到了村民小组组长吴国星家中，实现了调研的进村、下组、入户。也正是从这个时候起，笔者开始从乡土社会的角度自下而上地去感知这里的改革创新。

2013 年开始，清远市的村民自治重心下移改革迅速推进，佛冈县石角镇被确定为改革试点镇，云台村也因在新农村建设中崭露头角而进一步成为村民自治重心下移改革的试点村。本以观察新农村建设过程、思索新农村建设机制为主的笔者又有幸同时参与了一场旨在激活乡村自治资源、重构基层治理格局的改革试验之中。自此，跟踪并观察这场改革，进而通过这场复归传统的自然村自治的改革，重新思索自治的意义、发掘自治的力量、建构自治的理论也就成为笔者的学术求索。

笔者在驻村参与云台村新农村建设全过程的同时，更多的是从社会自治力量挖掘的角度观察村民自治重心下移全过程。2014 年 6 月 12 日，随着 2014 年村"两委"换届选举的结束，村民自治重心下移改革有了一个阶段性的成果，云台村的新农村建设暂告一个段落，笔者也就暂时结束了在云台村的调研。离开云台村并不代表不再关注云台村，不代表不再关注清远村民自治重心下移改革。截止到 2015 年 3 月，笔者又先后 8 次短暂地回到佛冈、回到云台村，或是学术交流，或是补充调研，或是参加活动，或是单纯拜访，每一次回到云台村都会刻意留意云台村的最新变化，每一次回到云台村都会与云台村人交流最新的进展。2015 年 3 月 30 日到 6 月 1 日，为了完成云台村形态与实态调查，笔者又回到云台村进行了两个月的入户调查。在这次调查中，笔者走进了云台村每一个农户，对他们的故事进行了全面的了解，同时也再次系统性地对传统时期的云台形态进行了挖掘。可以说，这次有针对性的调研让笔者对云台村的认识有了一个质的提升，在完成形态与实态调研报告的同时，笔者也在导师的指导下将论文的方向由关注村民自治重心下移全过程转为研究其社会基础。之后的半年时间里，笔者又有 3 次回到云台村进行补充调研。可以说，笔者对云台村已经基本形成了完整而深入的了解。

一年多的参与式研究让笔者深深地融入了云台、融入了改革、融入了变迁。笔者已经成为云台村的一分子，云台村也成为笔者的第二故乡。在这里，上到 80 岁的阿公阿婆，下到三五岁的孩子，都成了笔者的家人，他们每一个人也都成为笔者观察云台村的一个窗口，每一个人都成为笔者思考云台村的一个支点。当然,卸任老队长、现任村干部、村庄明白人更是笔者交流与访谈的重点。访谈与交流之外,笔者更喜欢静静地观察,穿梭于村庄巷道之中感受村落古朴的气息,一块石头、一个器具都会让笔者感受到这个小村落的历史沧桑;流连于村庄结婚、生子、生日、乔迁等庆祝活动,观察村落内部礼物的流动,研究村庄内部关系的亲疏,感受乡村古老的风俗;沉浸在村庄春节、清明、端午、中秋、冬至等节日,尤其是春节时与村民一起拜祠堂、清明节时与村民一起拜山,感受华南地区的传统文化。从某种意义上说,笔者已然爱上了这个华南的村落,但仍旧还是尽量以客观的角度、中立的价值、平和的心态、直白的文风讲述好这样一场改革,完成好这样一项研究,这也是笔者最大的学术求索。

七 研究限度与努力方向

本书主要是基于广东清远云台村 2012 年到 2016 年的改革实践,书中第三、四章所用数据、资料均是那场改革、那段历史的真实写照,这是本书的价值所在,也是限度所在。从价值方面看,本书的研究全过程地跟踪了云台村的变革及变迁,形成了一个时间上的闭环,并且在 5 年之后重新审视这样一场改革,更具科学性。另外,也正是这样的时间错位,使本书所涉及的改革方向、政策要求等都打上了时间的烙印,未能关照最新的政策要求和实践创新。为了秉承客观、真实的原则,本书还是坚持用历史的眼光来看待历史,还原了当时的政策环境和地方实际。

当然,党的十九大以来,随着国家治理体系和治理能力现代化建设向纵深推进,特别是习近平总书记关于全过程人民民主的一系列重大理论创新,村民自治及基层民族的发展也得到了快速的发展。云台村的村民自治发展也呈现出很多新情况、新挑战、新问题,这些也都是笔者下一步深化研究的方向。

第二章

社会内生性的传统自治:村委会
下移的历史依据

欲知向何处去，需明从何处来。那些能够对现代社会产生长远影响的本源性传统，构成现代社会发展的基础性制度，或者说是现代社会的历史起点和给定条件。[①] 清远市村民自治重心下移改革本就是要复归传统时期建立在宗族社会之上的乡村自治传统，那么传统时期的乡村自治到底是怎样的一种自治形态？此外，当下的农村村民自治与传统乡村自治从根本上讲也是一脉相承的，只是在变化了的社会土壤与体制环境下有了全新的表现形式而已，要厘清乡村自治的整体发展脉络，也同样需要回到历史原点，对传统自治形态进行全面而深入的考察。

一 宗族村内生自治

传统时期的华南乡土社会，宗族村就是一个个自我运转的生产生活共同体，共同体内部实行的是国家不在场的宗族自治。这种宗族自治是基于宗族村内部血缘关系、产权关系以及地域人口规模等社会基础而围绕日常生产生活自发地内生出来的，具有强劲的生命

---

① 徐勇：《中国家户制传统与农村发展道路——以俄国、印度的村社传统为参照》，《中国社会科学》2013 年第 8 期。

力与延续性。对宗族村自治的历史形态进行考察将有助于深入而细致地认识整个传统社会自治。

（一）聚族而居

传统时期佛冈地区的居民迁入较晚，据《英德县志》记载，"宋绍兴五年（1135 年）饥，观音山盗起，剽掠村乡"。另据族谱及乡耆流传，宋以前吉河一带才有欧、沈、麦、朱等姓居住，然后刘、黄等姓迁来。这些都是佛冈一带有居民居住的最早记载。至民国三十六年（1947 年），云台村所在的龙潭乡也仅有 1507 户居民。① 正是传统时期的地广人稀才使客家人得以迁入此地繁衍生息，这其中就包括了云台村的吴姓人家。云台村，原名大份田，是一个典型的华南宗族型村落。关于云台村的起源，大致要追溯到明朝末年。据云台村吴氏宗祠碑文记载：

> 始祖吴明汉公、儿子吴成邱、长孙吴以兴、次孙吴以宾子孙三代四人远源于千百年前从江西省吉安府太和县早禾司龙眼洞大明村迁徙广东各地繁衍于社会百姓之林。

除了吴氏宗祠中碑文上的这段记述之外，云台村现存的民国末年流传下来的手抄本上也记载了大致相同的宗族起源史。

> 始祖从前远在江西省吉安府太和县早禾司龙眼洞大明村居住，历代兴发，人丁繁盛，难以聚处，是以名泽仁里，或贤，或士，或星，或相，或商，或农，或负贩鱼盐，不知凡几矣。然我祖吴明汉同子成邱周流进来广东省广州府滠江司吉河乡龙蟠堡大份田村立宅吉向居住，而祖婆原在江西省未情落来耳。

---

① 佛冈县地方志编纂委员会：《佛冈县志》，中华书局 1991 年版，第 100 页。

碑文所载"千百年前"显然并不是一个准确的概念。因吴氏祠堂几经浩劫、几经重修，吴氏先祖准确的迁入时间已经无法考证。但从吴氏人家自吴明汉以下刚刚传至第 17 代来看，云台村有 400 年左右的历史。碑文中所言"迁徙广东各地"也不甚准确，吴明汉祖孙四人的墓地皆在云台村及周边地区，吴氏族人年年拜祭。另据《清远姓氏》记载，清远境内散布的吴氏族人均为吴明汉后裔。显然，吴明汉祖孙四人均是从江西迁居到云台，并在此开枝散叶、繁衍生息。直到民国年间，因为宗族械斗的缘故，才有部分吴氏后裔迁居清远其他地方。

在云台村，世代口授相传的则是更为详尽的宗族起源史。相传，吴明汉祖孙四人是以耍猴为生的江湖手艺人，当年从江西老家一路南下，但在返回江西的路途中，行至云台村一带的时候，他们赖以为生的猴子死掉了，祖孙四人也就失去了谋生的手段，无力北返，只得留下来。当时云台村周围还是一片开阔的荒芜地，尚未得到开发，周围的居民比较少。在云台村后面陂角村的位置住的是几十户麦姓人家，左前方住的则是付姓人家，也就是现在的瓦田寮村民小组。麦姓人家中有一对老年夫妇没有子嗣，就收留了暂时没有住处的吴明汉祖孙四人，并让他们在前面这片平坦开阔的土地上开荒种田。后来，吴明汉祖孙四人在旁边搭建茅草屋居住，并长久地定居下来。吴明汉祖孙感激麦氏人家的收留之恩，后来为麦氏老夫妇养老送终。而自吴氏族人在此定居之后，麦姓人家不是病故，就是离奇死亡，剩下的几户人家也陆续在恐慌中迁走。反倒是吴氏族人逐渐对这片土地形成了强烈的乡土认同，聚族而居，因地而兴，在之后数百年间谱写了可歌可泣的家族发展史。

明末清初一直到民国时期，广东乡村社会盗匪横行、械斗不止，正如当时《广东日报》所言：今日广东，贼之密布如棋局，遍地皆贼,官无文武,皆以防贼为虑。① 在此环境下,官府既想抑制地方绅权的扩张,却不得不依靠地方团练来维持地方秩序,地方绅权也在与官权的抗衡中渐占上风。② 而乡村社会的军事化又为宗族械斗提供了条件,民国期间佛冈地区的刘、黄大械斗就发生在这一环境下。

佛冈境内的刘、黄两姓械斗早有渊源,早在光绪十三年(1887年),刘、黄两姓就因祖坟之争酿成械斗。③ 民国时期的刘、黄械斗则主要是由于争夺石角圩的生意利益而起,最终酿成了波及整个佛冈县的一次宗族大械斗。其实,当时的乡土社会尤其是宗族村落也有抵抗盗匪与械斗的很多自卫措施,其中一个重要方面就是习武风气的盛行,云台武术作为龙南武术的分支正是发端于这一时期。遗憾的是,云台武术并没有发挥其制止纷争、保护族人的作用,云台村最终在械斗中被放火纵烧,毁于一旦。但这一习武传统传承至今:

> 吴帮利(清末民初人)是云台吴氏的第十二世,师从龙南石联郑开太学武术,勤学苦练,能将扁担、木棍、锄头、铁耙、长板凳等农家用具以及"雪花盖顶"双刀为器械,练得一身好武艺,深得师傅郑开太赏识并收为高徒。学成回村后组织村民学武术,强身健体。同时,将武术与客家鸡公狮结合一起,使武术与舞狮作为庆节表演的村民习俗活动。④

刘、黄大械斗中,云台村刚巧在两派势力的交界地带,属于黄

---

① 何文平:《变乱中的地方权势——清末民初广东的盗匪问题与社会秩序》,广西师范大学出版社 2011 年版,第 1 页。

② 何文平:《变乱中的地方权势——清末民初广东的盗匪问题与社会秩序》,广西师范大学出版社 2011 年版,第 345 页。

③ 佛冈县地方志编纂委员会:《佛冈县志》,中华书局 2003 年版,第 26 页。

④ 来自云台村吴德华民国时期手抄本资料。

姓势力的前沿阵地。黄姓势力本想依托云台、芦洞、咸水形成的半环线修筑炮楼与城墙等防御工事，打造固若金汤的防线。但关键时刻云台村管事人吴邦基却为刘姓势力收买，其他吴氏族人也被强逼着投靠刘姓势力。

"我们刚开始是跟上边黄姓一伙的，刘姓的就把他（吴邦基）请到下面去打牌，打着打着就打出交情了，他就回来逼着全村的人顺从下边的刘姓。那个时候他们家里是有枪的，说是谁不从就打死谁，那村里人谁还敢不听他的。"[①]

云台人这种出尔反尔的行径引起了黄姓势力的愤恨，他们在械斗过程中火烧云台村，将云台人数百年基业化为灰烬。火烧之后房子上的石条等重要建筑材料也被附近里冈村村民抬走，云台村在物质形态上化为了灰烬。

"那个时候的械斗是很厉害的。我们黄姓势力一起来我们村修碉楼、修围墙。然后我们村就用公尝去买武器。村里16岁以上的都有枪，那个时候就是用正规的步枪，七九步枪，三八步枪，用自己做的土枪是肯定打不赢的。云台村他们那个时候就是因为那个村庄管事人逼着他们反水，本来是跟我们一伙的，后来就投靠了下面姓刘的。那个时候姓刘的也没有办法，因为陂角都是姓刘的，他们又在云台上面，所以必须要收买云台，不然的话他们陂角的人就撤不下去了。"[②]

在械斗引发的浩劫中，最苦的还是普通村民。械斗不是他们的初衷，械斗的苦果却要他们品尝。在火烧云台村之前，村中除了少

---

① 访谈记录：DTC, GDJ, 2015 年 4 月 3 日。
② 访谈记录：XSC, HWZ, 2015 年 5 月 6 日。

数因姻亲关系而投靠黄姓的村民之外,大多村民都是匆匆到周边村庄甚至他乡避难,云台村十多代人积攒下来的家业毁于一旦。当然,物质形态上的云台村一时化为灰烬,而宗族意义上的云台村却并未消逝,云台村自此之后经历了一个较长时间跨度的浴火重生,展现出了吴氏宗族聚族而居的强大凝聚力。

民国二十二年(1933年)以后,宗族械斗的火药味逐渐消散,封建姓氏间的敌意也逐渐消除。① 云台村村民也开始从周边村落回迁,这次回迁直到20世纪60年代才暂告一段落。但也有部分吴氏族人没有迁回,而是定居在了周边村落乃至清远其他区县。

表2—1　　　　　云台吴氏族人民国期间外迁未归族人情况

房支	地域	基本情况
吴××房支	英德市	现有二三十人,但后有一户因工作原因迁回佛冈县城
吴××房支	龙塘村	现有两户人家,在龙塘南田村居住
吴××房支	石铺村	现有两户人家,在石山脚下村居住
吴××房支	清新区	现已经发展到100多人
吴××房支	吉隆坡	兄弟两人下南洋并在当地成家,现具体情况不详

吴氏族人自始祖吴明汉在云台定居后的迁移脉络大致就是如此。如今云台吴氏族人除了云台村村民外,在石铺村尚有两户人家,龙塘村也有两户,英德市有几户人家,清新区则有百余人,这样的族人分布情况与《清远姓氏》中关于清远辖区内吴姓人整体分布的描述高度契合,这也就印证了清远吴氏人皆出于云台的历史史实。当然,《清远姓氏》的记述中未涉及因下南洋而定居吉隆坡的两户人家,这也是云台吴氏唯一走出了清远市的支脉。

清远吴氏现有445人,在市内姓氏人口排序中居第168

---

① 佛冈县史志办公室:《佛冈文史漫话》,广东人民出版社2011年版,第47页。

位，84% 以上的吴姓族人居于佛冈县，佛冈吴氏又主要集中于石角镇，其开基祖为吴明汉，明后期从江西吉安太和县迁来，定居于石角里水村，现已传到第 17 代，石角有其后裔 364 人。另清城、清新和英德的吴姓人亦都属其裔。①

传统时期的云台村吴氏宗族内部也不是一个绝对封闭的社会共同体，它也会接纳非吴氏血脉的族人。此外，在云台村右前方的水田中，至今还坐落着一座异姓人的坟墓，坟墓的主人是云台四大家族的先人供养的一位地师（风水先生）。直至今日，四大家族的后人们每年清明节都还会前去祭拜，和本房其他先人一样对待。

如上所述，传统时期的云台村是一个基于血缘关系聚族而居的宗族村落，先有族而后有村，血缘关系、宗族关系是村庄共同体非常重要的连接纽带，也是传统时期宗族村自治非常重要的社会基础。

（二）产权私有

吴氏族人自吴明汉公定居云台以来就以种田为生，勤于开垦，善于耕作，逐步在周边开垦出大片良田。而传统乡土社会的产权制度是十分明晰的，先祖开垦的土地就成了云台吴氏族人的私产，代代传承。

"我们老祖宗那时候勤劳，就是个种地的，天天去开荒，所以我们村的田地就多。你看陂角，他们祖上就是做小生意的，不愿意开荒，开荒很累的，可是你不累你就田少。所以到后来周围村的人就愤气。我们来得晚，结果地最多，好的地块都被我们太公他们占了。我们云台的人祖祖辈辈没什么做生意

---

① 清远市史志办公室：《清远姓氏》，广东人民出版社 2013 年 2 月版，第 539 页。

的，到现在也没有做生意发财的呀，都是靠种田，没什么大本事。"①

关于云台村吴氏先祖勤劳开垦留下大片土地的事情，在吴氏宗祠的碑文以及村内民国时期的手抄本上都有相关的记述。

> 先祖均能维系宗业，不汲汲于富贵，不戚戚于贫贱，为繁荣宗业，振兴中华而长效不懈。
>
> 我祖其为始祖也，且其生平修德积善，秉性纯良，行谊高洁，品诣端方，勤俭持家，躬耕乐道，创业置家，无一玷污于世矣。今兹兰桂腾芳散居四房择地于瑶者生生屈指难数，于此皆由祖德之流风也。先祖诣下税业数百亩，并作蒸尝之祀典以为修坟之资费。

传统时期的云台村除了有部分公田、公山之外，土地多是归村民私人所有。如今对于传统时期云台内部的土地占有分化已经很难从数据上进行精确的考证，但佛冈县档案局中保存的一份1953年的《佛冈县四个区54个乡土地没收征收分配统计表》清晰地呈现了当时整个佛冈县的土地占有情况。

表 2—2   佛冈县土改前农村各阶级占有土地统计②

阶层	数目（亩）	占比（%）
雇农	314.37	0.6
贫农	15178.70	12.4
中农	19927.94	15.0
富农	4277.04	3.0

---

① 访谈记录：DTC，GDJ，2013 年 4 月 2 日。
② 资料来自佛冈县档案局档案资料。

续表

阶层	数目（亩）	占比（%）
地主	23016.20	18.0
小土地出租者	1121.57	0.8
公田	62119.50	49.3
其他	1233.39	0.9
合计	127188.71	100

与此同时，云台村所属的里水乡的相关数据也呈现出了较为相近的土地占有比例。里水乡大致就是如今的里水行政村的范围，这样一份数据更能说明云台村及其周边地区传统时期土地占有的大致情况。

表2—3　　　　里水乡土改前农村各阶级占有土地统计

阶层	数目（亩）	占比（%）
雇农	18.6	0.4
贫农	401.8	8.9
中农	580.3	12.9
富农	198.9	4.4
地主	1828.8	40.5
公田	1449.4	32.1
其他	34.0	0.8
合计	4511.8	100

从表2—2和表2—3中可以看出，在土地私有的同时，公田在传统乡土社会也广泛性、多层次性地存在着。但需要注意的是，传统时期的公田是一种共有经济而非今天的公有经济，它的产权归属也是十分明晰的，甚至于公田来源于私产，是私产的一种特殊表现形式。传统时期大量公田的形成与当地的分家习俗有着很大的关联，公田源于"吃口田"。

"以前分家的时候，最重要的就是房子和土地。分土地的时候，几个兄弟相对均匀地分开，但是老两口都会留一份田，叫作'吃口田'，也就是老两口吃饭的田。能干活的时候就自己耕作，不能耕作的时候就谁耕作谁给租金，老人家靠这个租金过基本生活。等两个老人都过世后，这些田就用作公用，主要用作先人的祭祀之用，长此以往，也就成了太公田，也就是公尝。"①

也正是由于代代提留"祭田"已成为一种普通习俗，所以族产得到了持续稳定的发展，② 甚至于公田已经接近或者超过私有土地的规模。郑振满先生的研究中也指出，明清福建民间的族田，是由私人土地转化而来的，其中大多来自历代分家时的提留。在分家时提留族田的目的，首先是为了克服分家析产所造成的矛盾，使分家后的族人仍可继续保持较为密切的社会联系。除此之外，提取"祭田"，也是为了满足"敬宗睦族"的需要、满足族人各种公共需求以及地主阶级保产保富的需要。③

传统时期云台村具体的公田数量已经无从查起，但从上文中云台村内部手抄本材料的记述来看，云台历史上的公田数量曾经达到数百亩。这一点也为村民吴绍焕所证实，在他的记忆中，村中在民国期间公田最多有几百亩，但到了民国末年，很多公田被占用、出卖。等到新中国成立前后，村中公田已经所剩无几了。当然，传统时期的公田是分层的，有的公田是为了祭全族祖先，有的公田是为了祭某一房支先人，还有的公田是特为某一祖先而设。④

---

① 访谈记录:XSC，HWZ，2015 年 6 月 25 日。
② 郑振满:《明清福建家族组织与社会变迁》，中国人民大学出版社 2012 年版，第 195 页。
③ 郑振满:《明清福建家族组织与社会变迁》，中国人民大学出版社 2012 年版，第 197 页。
④ 冯尔康:《中国古代的宗族和祠堂》，商务印书馆 2013 年版，第 79 页。

先祖诣下税业数百亩，并作蒸尝之祀典以为修坟之资费。

太祖吴朝裔、吴陆全、吴锡荣先后遗有尝田土名坐在本村附近之钳口龙子及牛江麸等处，承先祖父遗嘱均指定为各太祖每年春秋二季祭祀之需。[①]

公田在传统社会发挥了重要的作用，秦晖教授等甚至认为，传统时期华南宗族社会经济的发展也得益于华南社会特有的"集体移民主义"下的集体进取精神以及"小共同体"对于乡民的保护。正是因为"大共同体"的桎梏要比"小共同体"的多，所以"小共同体"保持较好的南方在公民个性成长与市场关系的发育方面比北方要好得多。[②]当然，对公田的管理也是传统治理的重要内容。

不只水田如此，山地也是分为了公山与私山，山地的私有产权的变更也是以社会自治的方式解决的。云台历史上一直流传着一个云台村山地中有一块为石铺村财主人家的女儿嫁过来的时候所带的故事。

"铺岭人家的女儿嫁到我们村里来，来了之后发现婆家没有山地可以砍柴，那就没有柴火烧呀。所以就回娘家要了四五亩山地，因为铺岭人家后面有山的嘛，他们山地多。我们现在的生态补偿林就包括了那四五亩山地。"[③]

农村的房屋及宅基地也是村民的私有产权。民国末年村民吴绍焕的爷爷让其父亲及叔叔下南洋，就是为了让他们多赚钱以便回迁到云台村时重新盖房，因为在民国十五年（1926年）的械斗之后

---

① 来自佛冈县档案局民国档案。

② 秦晖、金雁：《田园诗与狂想曲——关中模式与前近代社会的再认识》，语文出版社2010年版，第185—284页。

③ 访谈记录：DTC，GDJ，2014年4月12日。

他们在云台村的房屋被烧毁,但是房地还是他们的。云台村内部手抄本上的房屋和白地买卖契式也呈现出了传统时期房屋产权的私有化。

卖屋契式

　　立明永远断卖屋,契人△村△姓名有祖父遗落正屋一座三间两廊坐在△村内坐△向门行△方,上面木棚栈棚板围门扇天井地基砖石下及地瑕俱全。每年纳粮△升△合载在△乡△甲△户内。历来居住无异,今因急用夫妻父子酌议愿将出卖于人,取要价银△佰拾九正。先召房亲各不愿取,托中人△△引至△△出售……

卖白地契式

　　立明永远断卖白地,契人△村△姓名有祖父遗落屋地一座三间两廊坐在△内。该地粮△升△合载在△乡△甲△户内,历来无异。今因急用夫妻父子酌议愿将出卖与人,取要价银△佰拾九正。先召房亲各不愿取,托中人△△引至△△出售……

　　传统时期云台村土地产权非常清晰,唯一的例外是坟地。传统时期的云台乃至整个佛冈地区,坟地的选择是不受限制的。家里有人过世之后,一般可以在周边的山地中自由地寻找风水宝地下葬,山地产权所属的人家对此也不会有任何疑义。正是这个缘故,云台先人的坟墓并不只是在本村范围内,而是遍布整个龙南,云台始祖吴明汉的坟地就是在相距十多里的龙塘村内。

(三) 内生事务

　　传统时期的云台村因同宗同族而形成了联系紧密的社会共同体,共同体内部在共同血缘、私有产权以及有限规模的基础上围绕日常生产生活衍生出大量的公共事务,形成了传统自治的自治客体。正是因为大量涉及族人利益的公共事务的存在，自治才成为共同体的必须，自治才有了强劲的内在动力。

1. 共有经济事务

中国东南存在大规模地方宗族一定程度上取决于共同财产的维持。[①] 共同体的生活是相互的占有与享受，是占有和享受共有的财产，占有和享受的意志就是保护和捍卫的意志。[②] 传统时期土地私有制基础上的云台经济是以家户为基础的，家户是最基本的经济单元。但在家户经济之外，宗族共同体之所以能良性运转，还在于共有经济的存在，共有经济为自治提供了资源保障，对共有经济的管理也是传统宗族村自治的重要内容。

> "那时候的公田是轮流着种的，种公田的租子要比种地主家地的少。那时候我们还住在石脚下，有一年我爷爷就下来跟他们说，要种一年公田。家里孩子多，揭不开锅了，后来我们就下来种了几年公田。"[③]

> 宗族兄弟叔侄各守祖业，族谷延长可以为修坟之大典已焉哉。新银本每年长年行利息三分规照前不得借募为由如祖谷蛋东。待至春分日，算清祭祀之外尚余银多少，付族长买肉备祭期定清明前一日担至坟茔照丁分。祭肉多少规定照丁均分，不得持家恃强挟众混争伤和。[④]

到民国末年，对公田的管理悄然地发生了一些变化，正如张鸣

---

① ［英］莫里斯·弗里德曼：《中国东南的宗族组织》，刘晓春译，上海人民出版社2000年版，第165页。

② ［德］费迪南·滕尼斯：《共同体与社会：纯粹社会学的基本概念》，林荣远译，北京大学出版社2010年版，第63页。

③ 访谈记录：DDC，GSH，2015年5月2日。

④ 来自云台村吴德华民国时期手抄本资料。

在民国研究中发现的,民国时期道德氛围出现了弱化,原本通过乡里约定俗成的规则与惯例,基本上就可以不撕破脸皮而得到解决的租佃问题,现在居然相当普遍地需要依靠政府和半政府的强制了。[①]云台村的公田管理到民国末年也开始出现一系列的问题,围绕公田产生的矛盾甚至已经无法通过自治的方式得到有效解决,族人相互告诉到各级法院。

> 被告胆大妄为,欺原告值理年老,竟于去年冬将被告等所批太祖尝田土名钳口龙子、婆鬐前、牛江麸共种子三斗二升盗卖于同乡之福头村黄振沂。私相授受,有削减祭祀之虞。太祖所遗尝田指定为春秋二季祭祀之用。虽被告等有共同享受之权利。祖尝有变更处置之必要,亦需得全体叔侄之同意及值理之参加。[②]

对于吴邦基的起诉,被告人吴林相、吴邦珍在辩诉中承认了出卖"尝田"的行为,但他们对于整个事情的经过却是另一番陈述。

> 太祖吴朝裔、吴陆全、吴锡荣等遗下尝田向来分由各房叔姓耕种,但多不清租,时相争执。为息纠纷起见,已于民国三十五年正月初八邀请乡长、保长、父老等及各叔侄平均分派,自后各房各管,所有尝田分田簿处可查。
>
> 民等变卖之田所得亦完全由各叔侄派分以维持生活,绝非变作别用,且系由各叔姓公意,绝非盗卖。有当日卖契签字为凭。[③]

---

① 张鸣:《乡村社会权力和文化结构的变迁(1903—1953)》,陕西人民出版社2013年版,第39页。

② 资料来自佛冈档案局民国档案。

③ 资料来自佛冈档案局民国档案。

在这场诉讼中，法院判决中的一个重要依据就是"共同共有物之处分应得共同共有人全体同意"。这一项当时的法律条文与当时宗族内公田的管理理念是契合的，对于共有财产尤其是祖尝的永久性保留在传统华南社会是一个普遍性的认知。科大卫就曾指出，集体控制财产一方面是配合官府赋役里甲等级的要求，另一方面也得到了族谱与族规的鼓吹，传统时期保护族产的情绪是非常高涨的。[①]

2. 宗族信仰事务

传统时期的华南社会，宗族事务在公共事务中也占有很大比重，尤其是在祠堂修建与维护、清明拜山的组织等方面。传统时期的宗族事务有一整套历代传承的仪式，每一个族人从生到死都按部就班地遵循着。从出生的祠堂拜祭，到自小习得的宗族习俗与从小遵从的宗族规矩，再到过世之后入祠堂，族人终其一生都与宗族有着千丝万缕的联系，甚至就生活在各种宗族关系之中。宗族不仅是外在的连接，更已经内化于心。

春节的拜祠堂、清明的拜山、宗祠的修缮、祖坟的迁移以及族谱的修订等事务是传统自治的重要内容。云台村没有修订族谱，但这并不代表着他们对族谱不重视，只是碍于经济能力与文化水平而未能统一修订。每个房支内部，都有世代相传的流水簿在流传，详细地记述了本房本支的代际传承。流水簿上还详细记载了先人祖坟的位置，这也是吴氏族人清明拜山的重要依据：

> 始祖公吴明汉葬在土名板皮窑马路上，坐东向西，东方青色旗尾形
> 高祖公吴成邱系明汉公之子葬在沙帽岈，坐西向东，金星狮子望楼台形
> 高祖公吴成邱生二子吴以斌、吴以兴分房

---

① 科大卫：《皇帝和祖宗：华南的国家与宗族》，卜永坚译，江苏人民出版社 2009 年版，第 259 页。

　　曾祖公吴以兴系成邱共之子葬在炉洞尾沙藤窑背，坐西向
东，燕子伏梁形

　　祖婆王氏

　　曾祖公吴以斌系成邱公之二子葬在陂角养坎面，坐西向
东，单提空形

　　祖婆陈氏

　　……

　　清明拜山是村中重要的宗族事务，甚至是一年之中最为重要
的。清明拜山的有序进行，除了内化于心的宗族信仰之外，还有对
外在于形的具体规范进行规训。

　　　清明上坟规定朝丁生祭，间有出外羁绊有丧病阻者理应言
　　情姑宥。若有在家安宁不遵规矩者点出不到，每名罚银六卜，
　　订记单内，限次年春分日交予族长为众公用。若族长隐晦不见
　　销，查出合众加等责罚决不轻恕。①
　　　夫始祖坟墓遥远，每遇清明日上坟固定照丁往祭共礼可行
　　而意可伸也。不然徒有墓耳。照丁往祭理当，然老有跋涉亦应
　　当恤。故予等设立一规间有童与老者理应言情。姑宥若十五以
　　下与六十以上不临登祭时即在坟前点出，不到每名罚钱五分，
　　订记单内，限次年春分日拿出交予族长，为众公用。间有恃强
　　不遵规者合众攻之，除彼丁名，讨彼丁肉。若族长隐晦不见
　　销，查出决不轻恕。

　　与宗族事务紧密相连的是民间信仰，传统时期云台村民间信仰
很多，其中以龙潭古庙对冯师爷的信奉最为典型。20 世纪 30 年代

---

　　① 来自村民吴德华民国时期手抄资料。

是龙南地区虎患比较严重的时期，那时候，不论白天或黑夜，不分大村或小村，老虎都敢到村里咬人、咬猪、咬牛，人人谈虎色变。在大山脚下的石龙头、王竹坑、蜈蚣坑等山村，太阳未下山便很少有人在外劳作，以免被老虎伤到①。据《佛冈故事》记载：

> 冯师爷原名冯旺，生于康熙年间，居住在云台不远处的土陂坑。传说当时虎患严重，不时下山作乱残害人畜，人心不安。有一次冯旺家的母猪被老虎咬去，冯旺在家中点燃一把香，在门口踏脚三下，施用法术，口念咒语，不一会，各山的老虎都集中来到他的家门口跪下。冯旺对众老虎说："今天把你们召来，看是哪一只老虎吃了我们家的母猪。没有咬的就各自回山，咬了猪的就跪着不准起来，留下来给我当坐骑。"结果，咬了猪的老虎果真起不来，跪在地上泪流满面。之后，冯旺将老虎驯化一番，骑着老虎到处走，自此人畜安宁。冯旺终年之后，百姓为了纪念他，在乡间的信男信女自愿捐资兴建了一间庙宇，就是龙镇古庙，把冯旺当作神灵，迎如庙中，让黎民百姓敬奉拜祭。百姓如有患观之处都前来此庙求神问兹祈求平安。②

民间信仰的主持者、宗族事务的主事者往往都是同一个人，也就是村里的族长，族长不仅对于当下世界的村庄事务具有主宰权，而且对于来世信仰具有很强的话语权。当然，这也与当时的公偿大多由族长控制有很大的关系，在号召力与凝聚力背后总是有或多或少的强制力。当时的很多民间信仰往往超出一个村的范畴，在更大的乡村范围内形成对某个神仙的崇拜，如云台一带居民对冯师爷的信奉便是如此。但在每个村子内部，都有信仰事务的组织者与联系

---

① 刘炳耀：《20世纪30年代龙南的虎患与蛇害》，《佛冈文史漫话》，2011年11月，第110页。

② 陆光林：《冯师爷传奇》，载《佛风故事》，2013年11月。

者。在传统时期,农民生活困顿,要组织村民修建庙宇、举行祈福活动显然不是一件容易的事情,需要做大量的工作。

　　"以前的那个时候你修个庙那肯定是不容易的呀,周围这些村的人都要出力的。当然,那时候也有很多大户人家,他们就出钱,没钱的就出力。各个村里都有热心的人,负责一起组织这些事情。其实那个时候呀,还有一个好的方法的,在农民那里筹钱比现在还有效的。那个时候大家组织抬花红,敲锣打鼓地送到捐钱多的人家去的。捐钱多的人家也可以在庙建好的那天来吃饭,这就是一个很大的荣誉呀。"①

3. 社会公益事务

　　传统乡土社会,围绕着基本的生产生活产生了很多的公益事务需求,如传统中国并未能构建起一个体制性的社会保障体系,社会保障主要是依靠民间的互帮互助完成的。社会保障首先存在于宗族内部,依托公尝对族人形成一定的庇护功能。公尝既有租金较低的优点,又能为经济困顿的家庭提供无息或低息借贷,在社会保障方面发挥了重要的作用。其次则是族人之间的互帮互助,越是由宗族经各房各支向家户聚焦,相互之间的联系就越是紧密,互帮互助的力度也就越大。

　　在传统时期的云台村及其周边地区,教育文化事业也是重要的公益事务、自治的重要内容。佛冈建厅后,云台所属龙潭堡地处偏僻,交通不便,文化教育水平落后。清朝咸丰十年(1860年)冬,在龙潭堡治所创建"云从社学",以教育民众。社学取"云从"之名,源于"云从龙,风从虎"之句,希望培养出的人才如龙如虎,有所作为。云从学社正门楣上石刻的"雲從社学"四个大字出自赐

---

　　① 调研记录:LNZ,LBQ,2015 年 5 月 11 日。

进士出身的佛冈县同知陈祚康之手,至今刻有这四个字的门楣仍旧镶嵌在里水小学正门。云从社学创办不久,即成为龙潭地区的文化中心,1936 年民国政府又应龙潭乡绅的邀请在云从社学开办了龙潭乡中心国民学校,周边村庄高年级学生都来此就读。

除云从社学之外,云台村及周边地区还有很多其他的教育形式。与云台村相近的咸水村,因为与云从社学有河流阻隔,每逢雨季,孩子上学不便,于是咸水黄氏宗族就请了私塾先生。私塾先生的费用是由读书孩子的家庭合理承担的,村庄太公田、太公山并不承担这笔费用。但是遇到无力承担读书费用的优秀学子,族人也会合力供其读书。炉洞村也是有私塾的,云台村来自炉洞的女婿陆光林先生就曾有两段在村子里读私塾的经历。据陆光林先生回忆:

> "12 岁那年(民国三十二年),我上学读书,本村谢光(土光伯)在楼角(二层半楼)一楼教书,读的是古书,三字经,学而。这年初入学,生读死背,我记忆力很强,四本书《人之初》《天子重贤豪》《天地玄黄》《学而》,我一口气可以背过整本书。
>
> 17 岁,民国三十七年,在本村中屋断续读书,谷树叔教古书,这一年我再从《人之初》开始读到《上孟》共五本书,即人之初、天子重贤豪、天地玄黄、学而、上孟,还读了杂书——劝世文、杂字本。"[1]

文化的传承需要一种稳定因素的支撑,生活安定,经济充裕,才能够使文化的内在和形式得到充分的体现。[2] 也正因如此,传统时期云台村的教育事业发展并不太好,这一方面是由于云台村经济较为落后,穷苦人家没有能力供孩子读书;另一方面,云台村的尝

---

[1] 陆光林个人口述资料:《坎坷一生——我的回忆录》。
[2] 梁鸿:《中国在梁庄》,江苏人民出版社 2011 年版,第 220 页。

田也没有担负起供应并激励族人读书的责任。由此,云台村历史上出的文人很少,真正的秀才只有一人,相传吴氏族人吴振球在清末期间经乡试考取秀才,是当时云台村文化程度最高的人。后来在外地因谋职不就,回家后忧劳成疾,郁郁而终。

(四) 长老治村

中国地域辽阔,国家权力对许多地方特别是偏远地方的统治难以达致,从而形成不少缺乏国家权力有效支配的"政治真空",这些"政治真空"犹如"自然状态",主要是一些强势人物在行使统治权。[①] 由此,传统的宗族自治更多的还是一种威权性治理,自治的主体主要是族长。当然,宗族自治又是一个多层次、多领域的自治体系,在不同的自治层次上或不同的自治领域内,自治的主体是不同的。村落的宗族领导人与房支的房头和家庭的家长构成了村落的权力结构,控制着社区的每一个成员。村落领导者既是村落的控制者,又是向村落外、与上级政府联系的代言人。[②] 当然,族长等村落领导者的权力首先还是表现为对内的管理权力,这在清明节的相关规定中就可见一斑。

    ……尚余银多少付族长,买肉备祭期定清明前一日担至坟茔照丁分肉:

    一、祭肉多少规定照丁均分,不得持家恃强挟众混争伤和,骨肉令人饮食之消间有此等合众责罚最无偏扶徇庇。

    二、清明上坟规定朝丁生祭,间有出外羁绊有丧病阻者理应言情姑宥。若有在家安宁不遵规矩者点出不到,每名罚银六

---

    ① 徐勇:《"政权下乡":现代国家对乡土社会的整合——农村基层政权建设的国家视角》,《贵州社会科学》2007 年第 11 期。

    ② 葛学溥:《华南的乡村生活——广东凤凰村的家族主义社会学研究》,知识产权出版社 2012 年版,第 3 页。

卜,订记单内,限次年春分日交予族长为众公用。若族长隐晦不见销,查出合众加等责罚决不轻恕。

三、夫始祖坟墓遥远,每遇清明日上坟固定照丁往祭共礼可行而意可伸也。不然徒有墓耳。照丁往祭理当,然老有跋涉亦应当恤。故予等设立一规间有童与老者理应言情。姑宥若十五以下与六十以上不临登祭时即在坟前点出,不到每名罚钱五分,订记单内,限次年春分日拿出交予族长,为众公用。间有恃强不遵规者合众攻之,除彼丁名,讨彼丁肉。若族长隐晦不见销,查出决不轻恕。①

此外,各房支、各领域选出的各种领导者在自治过程中也发挥着重要的作用。

窃我祖朝裔、锡荣、文发、陆全所有遗留田产共八丘共种四斗捌升正,上列各太祖值理即席改选由林相为正理,邦珍、德锦二人为副理。前任值理邦基职务由即日起解除,并由新值理告知。太祖值理以后每年正月清算交算一次,按照三房轮值充任正副理。②

由此可见,吴氏族长负责全村范围内的相关公共事宜,尤其是像清明节拜山这样的全族性的活动,整场活动的组织、监督、惩罚等都是由族长负责的。而在各房各支之内,又有很多不同层次的宗族自治机制,比如这里提到的四大族内部的尝田的管理,就是由值理、副值理等进行管理。值得注意的是,至少在民国末年,值理等宗族领导者的任职不一定就是终身制的、世袭制的,而是采取了在房支之间轮流任职等方式。

① 资料来自云台村吴德华民国时期手抄本。
② 资料来自云台村吴德华民国时期手抄本。

在传统时期云台村的社会自治中，乡绅、族长等是自治的主导者，但自治的最大主体却还是广大的吴氏族人。正是一个个吴氏族人共同组成了云台宗族共同体，他们自然也成为宗族自治的主体性力量。在村庄权力的实际运行之中，普通群众，无论是社群中的贫困者和弱小者，他们并非完全处于无权的地位，他们共有的价值观、公共舆论及其对村规的诉求，都对那些权势人物构成一种有效的社会约束手段，这种手段可以削弱他们的影响力。① 云台村现存民国时期的两份会议记录中记载了宗族事务中的村民参与，而族规中"若族长隐晦不见销，查出合众加等责罚决不轻恕"的记载也表明了普通族人对权势人物的社会约束能力。

> 窃我祖朝裔、锡荣、文发、陆全所有遗留田产共八丘共种四斗捌升正，向系分田由各房叔侄耕种，相安无异。近年来房内邦基名下所耕之田应纳租金颗粒不交，以致祖尝收入短少，祭祀堪舆。兹为整理祖尝财产召集各房裔孙等开会讨论，并议决处理办法如下：
>
> 一、朝裔、锡荣、文发、陆全各太祖产除割出分为各房处理外所余共田八丘共种四斗捌升正乃为公家产业，永为祭祀祖尝。
>
> 二、上列各太祖值理即席改选由林相为正理，邦珍、德锦二人为副理。前任值理邦基职务由即日起解除，并由新值理告知。
>
> 三、太祖值理以后每年正月清算交算一次，按照三房轮值充任正副理。
>
> 各房裔孙签名：吴邦兴、吴德先、吴德相、吴德新、吴德景、吴邦珍、吴林相、吴德锦、吴宏霖、吴德石、吴德彬、吴

---

① 〔美〕李怀印：《华北村治：晚晴和民国时期的国家与乡村》，王士皓、岁有生译，中华书局2008年版，第298页。

绍均、吴德财。

　　在场见证人：吴德社、吴德高

　　甲长：吴细辉、吴德清

　　保长：苏志均

　　副保长：陈生贵

　　父老：陈有林

　　乡长：黄镜为

　　副乡长：郑兴标①

清理开基祖朝裔公及锡荣、陆全、文发各祖尝会议记录

时间：民国三十六年农历二月初三日上午十一时

地点：明汉祖祠

出席者：大房：德相、德怡、绍连、刘氏

　　　　二房：德彬、德钰、德全、黄氏、黄氏

　　　　三房：德品、单氏、罗氏、绍威、曾氏、邦兴

　　　　四房：邱氏、邝氏、曾氏

列席者：绅耆：刘连滔、陈比记、陈典章、黄连朝、刘利坚、

　　　　　　　　刘诗珠

　　　　乡长：陈祥炳

　　　　甲长：吴德清

主席：吴邦基（开基祖朝裔公及锡荣、陆全、文发各祖尝

值理）

　　讨论事项：

　　一、关于吴林相、吴邦珍等伪立部处盗卖开基祖朝裔公遗

下尝田如何处理

　　议决：为维持尝产，追究不法盗卖公有物起见，应公推经

---

①　资料来自佛冈档案局民国档案。

理尝产之值理吴邦基全权代理向佛冈地方法院起诉以求解决。

二、关于诉讼支出各款应如何筹措

议决：由各房户耕种多少分提上期祖谷及每户借若干谷，如不敷出，第二次集会议决。①

在这两份会议记录中，"公推经理尝产之值理吴邦基全权代理向佛冈地方法院起诉以求解决"等语显示出了宗族会议对族长、值理等自治主体的权力赋予与让渡，从而让自治的领导者更好地发挥职权，更好地代表广大族人处理族中的公共事务。但不管怎样，宗族全体族人的共同决定才具有最高的权威，族内重大事务是由全体族人而不是族长决定的。此外，如若族长、值理的行为违反了大多数族人的意愿，族人是有权利通过会议表决重新选出新族长或新值理的，这也就是上述会议记录中所记述的：

"近年来房内邦基名下所耕之田应纳租金颗粒不交，以致祖尝收入短少，祭祀堪舆。兹为整理祖尝财产召集各房裔孙等开会讨论，并议决处理办法如下：上列各太祖值理即席改选由林相为正理，邦珍、德锦二人为副理。前任值理邦基职务由即日起解除，并由新值理告知。"

（五）族规祖训

传统时期的宗族自治之所以能够有效地运转，自然也离不开一定的自治资源的支撑。传统时期宗族社会的自治资源：一是共有经济所提供的经济资源；二是族规家法所提供的惩戒资源。正是这两种资源的共同作用，才让整个村庄处于一种有效的治理之中。

传统自治的经济资源来源于村庄的共有经济，共有经济既是宗族自治的重要内容，也是凝聚宗族合力、实施宗族治理的重要资

---

① 资料来自佛冈档案局民国档案。

源。当然，共有经济的发展首先在于共有产权在宗族各个层级中的广泛存在。

> 我祖其为始祖也，且其生平修德积善，秉性纯良，行谊高洁，品诣端方，勤俭持家，躬耕乐道，创业置家，无一玷污于世矣。今兹兰桂腾芳散居四房择地于瑶者生生屈指难数，于此皆由祖德之流风也。先祖诣下税业数百亩，并作蒸尝之祀典以为修坟之资费。
>
> 窃我祖朝裔、锡荣、文发、陆全所有遗留田产共八丘共种四斗捌升正，向系分田由各房叔侄耕种，相安无异。[①]

上文中曾引用过的这两段材料已然表明了传统时期共有产权的丰富性与多样化，也正是这样一个多样化的产权体系支撑了多元性的自治体系，让自治的触角延伸到了宗族共同体的各个角落。以共有经济为基础，整个宗族或各房各支紧密地联系在了一起，经济因素成为凝聚宗族共同体、促进宗族自治的基础性资源。

传统时期，家族通过血缘关系将若干家庭联结到一起，并内生出宗族社会权力，这一权力一经产生，必然会深深渗透到乡土社会的治理之中。[②] 由此，在传统乡土社会，不论是那些符合风俗习惯的、传统的，或是长辈们一致意见所决定的，还是由教规和惯例所规定的东西，都是个人行为行之有效的调节器。[③] 具体到云台村，宗族自治的主要依据就是族规，族规是全族人必须共同遵守的行为规则，也是对族人进行监管与惩罚的依据。

云台吴氏族规既有对公田分配的规定，也有对清明拜山的规定，

---

① 来自云台村吴德华民国时期手抄本。

② 徐勇：《中国农村村民自治》，华中师范大学出版社1997年版，第354页。

③ 葛学溥：《华南的乡村生活——广东凤凰村的家族主义社会学研究》，知识产权出版社2012年版，第171页。

还有对尝部保存的规定，更有对作奸犯科以及好赌之人的惩罚规定，族规涉及传统生活的方方面面。从惩罚的举措看，云台村的族规以柔性惩罚为主，其中最多的是罚银，最重的也就是驱逐出族这种软暴力。族规对于全族人而言是一视同仁的，任何人违反了族规，都会受到惩罚。从这个意义上讲，虽然部分族规的合理性从今日的角度看来或许值得斟酌，但是族规在执行层面却是公平的。

> 若有在家安宁不遵规矩者点出不到，每名罚银六卜，订记单内，限次年春分日交予族长为众公用。若族长隐晦不见销，查出合众加等责罚决不轻恕。
>
> 若十五以下与六十以上不临登祭时即在坟前点出，不到每名罚钱五分，订记单内，限次年春分日拿出交予族长，为众公用。间有恃强不遵规者合众攻之，除彼丁名，讨彼丁肉。若族长隐晦不见销，查出决不轻恕。
>
> 若族内子侄有干伦犯上者，其同房伯叔或同居兄弟必要春分日当众攻议，按情谊罚。若待终查出则犯事者与隐者一同责罚，以受纵容子弟之戒。
>
> 若其父兄柔懦，比其当告族亲。若有含忍不举酿成不端以致祸族殃邻，合众连家并除，不许入族，规在必行。
>
> 始祖尝部关系甚大，何也祭祀修坟之资从自出追报本之具由。赖故持部者务要仔细收拾，不可以部发坏。若有此等则罚银五卜以为修卜之资。[1]

不难看出，宗族规约有限制个性发展的内容，但客观上也维护了社会公益的道德规范，具有较强的合理性。[2] 此外，族规不仅约束普通族人，对族长等主导者也具有很强的规训力，这在一定程度

---

[1] 资料来自云台村吴德华民国时期手抄本。

[2] 冯尔康、阎爱民:《中国宗族》，广东人民出版社1996年版，第137页。

上体现了族规的公正性与系统性。当然，传统时期村内事务的判罚也不总是以公平的面目出现的，而是会受到大的房支的影响，这样公正就会被歪曲。[①]

二　宗族村与社会

传统时期的华南乡土社会，宗族村之上、县政以下还有一个广阔的社会自治空间，这个社会自治空间也是由宗族村衍生而来，是宗族村自治在更大区域范围内的延伸与拓展。当然，在这个社会空间内，还有社会自我培育的乡绅、社会自发形成的市场、社会自我发育的组织。

(一)　乡绅治乡

乡绅是中国传统社会自科举制以来产生的一个独特的社会阶层，是与功名、品学、学衔和官治相联系的一种身份。[②] 在传统宗族社会中，乡绅在自治过程中发挥着重要的作用。乡绅家族与王朝的联系及其特殊地位，使自上而下的行政权需要借助他们的力量才能发挥实际效能；乡村个体农民势单力薄，地位低下，往往需要得到士绅阶层的保护和帮助。[③] 甚至可以说，中国东南宗族能够独立存在的关键之一就在于宗族精英和国家官僚之间的连接。因为分化的宗族中的有效领导者既非官府委派，也不听命于官府，并且假如他们自己是读书人的话，他们可以平等的地位面对地方官员，无须听从官府的要求，还可以抵御国家的意志。

---

① 葛学傅:《华南的乡村生活——广东凤凰村的家族主义社会学研究》，周大鸣译，知识产权出版社2012年版，第175页。

② 张仲礼:《中国绅士:关于其在19世纪中国社会中作用的研究》，上海社会科学院出版社1991年版，第1页。

③ 徐勇:《非均衡的中国政治:城市与乡村比较》，中国广播电视出版社1992年版，第80页。

传统时期乡村社会的长老起着调解员的作用，乡村间清正的乡绅老大甚至成了当地的"包公"，家住云台村不远处的石脚下村的华英观就是这样一个不吃皇粮的乡绅"老大"。华英观一生与官、与财无缘无分，甚至连保甲长的差使都不沾边，就是凭一身正气和睿智气度，心存百家事，善解百家忧，乡村中的纷争诉讼无不躬身笃行。

龙潭堡位于英佛边界，地域隔险隘闭，山重水复，大有"山高皇帝远"之感。某夜入夜时分，一伙身穿"勇"字衣衫的人马，把龙南大户郑墨缘家团团围住，声称衙门派官兵向郑某讨回公道，说是郑家的人曾到英德强抢妇女、掠夺财物，要郑出一千两银元作赔，如不应允，则把郑某带走……关键时刻，华英观挺身而出，智退暴徒，保住了郑墨缘的安全，解除了一场劫难。

某年，一"烟屎佬"（吸毒瘾君子）郑某吹赌无资，穷困潦倒，趁某妇人丈夫外出谋生之机，诬指她与某人有奸情，指使狂徒拿来猪笼绳索，恐吓男女双方罚银抵罪，在场的人慑于"烟屎佬"淫威，欲助不能。眼看男的要被捆绑示众，女的要被"浸猪笼"了。华英观长老得知事态，匆忙赶来，场面气氛顿时严肃而又轻松起来，众人都期望华老大主持公道，处理好这件事。善良的群众都纷纷举证男女两人并没有奸情，纯属诬陷捏造。华老大则郑重其词，警告说："切莫造事生非，冤枉好人，要负人命之责！""烟屎佬"自感理亏，灰溜溜地跑了。华英观就是这样秉公办事，息事宁人，解救了这对无辜的男女。①

---

① 佛冈县史选办公室：《佛冈文史漫话》，2011 年，第 296 页。

　　民国三十五年（1946 年）正月初八日云台村吴氏宗族中发展较为兴盛的四大家族内部召开了一次关于公田管理的会议就有一位父老陈有林参加，陈有林正是作为乡村社会的乡绅参与了这次会议。

　　　　在场见证人：吴德社、吴德高
　　　　甲长：吴细辉、吴德清
　　　　保长：苏志均
　　　　副保长：陈生贵
　　　　父老：陈有林
　　　　乡长：黄镜为
　　　　副乡长：郑兴标①

　　一年以后，被罢免的祖尝值理吴邦基为起诉现任值理而组织的宗族会议，更是表明了乡绅在乡村自治中的客观存在与重要作用。

　　清理开基祖朝裔公及锡荣、陆全、文发各祖尝会议记录
　　　　时间：民国三十六年农历二月初三日上午十一时
　　　　地点：明汉祖祠
　　　　……
　　　　绅耆：刘连滔、陈比记、陈典章、黄连朝、刘利坚、刘诗珠
　　　　乡长：陈祥炳
　　　　甲长：吴德清
　　　　主席：吴邦基（开基祖朝裔公及锡荣、陆全、文发各祖尝值理）②

---

① 资料来自佛冈档案局民国档案。
② 资料来自佛冈档案局民国档案。

两次会议的参加者都有一个特殊的群体，那就是乡村社会的士绅。民国三十五年（1946 年）的会议中有父老陈有林，民国三十六年（1947 年）的会议更是有 6 位绅耆列席。云台村是一个吴氏单姓村，所以即便时间已经过去近 70 年，仍可以清晰地知晓这些士绅不属于云台村，而是分布于云台周围的村子之中。但很显然，他们对于云台的村内、族内事务具有一定的发言权，至少是见证权。更为重要的是，这一根植于乡土社会的阶层实质上是国家统治的缓冲地带。① 他们的权力属于文化权威，拥有正统的、道德的文化知识，保持一定的道德威望，无疑是他们实现对乡村权力控制的必要前提。②

（二）村间社会

传统时期的乡土社会由一个个自然村组成，而在体制性力量掌控的县与实施宗族自治的自然村之间还存在着一个广阔的社会空间，这个社会空间里存在两种秩序与力量，一种是"官制"秩序或国家的力量，另一种是乡土秩序或民间力量。③ 显然，社会自治是这个社会空间里的主旋律。换言之，在自然村落之上的乡村社会的自治是基于更大范围内的社会自治需要而衍生出来的一种自治形态，是自然村自治的生长与拓展。总之，传统乡土社会是一个自治的乡土社会，自治是传统乡土社会的内在属性。

乡村社会自治首先表现为自我防卫。一方面，乡村社会共同抗击匪盗抢掠。道光三十年（1850 年），上下岳乡绅率领乡民 200 余人击退邱东培匪众，救出清远知事；④ 光绪四年（1878 年），清远

---

① 徐勇：《"防震圈"、自治秩序与基层重建》，《探索与争鸣》2011 年第 7 期。

② 张鸣：《乡村社会权力和文化结构的变迁（1903—1953）》，陕西人民出版社 2013 年版，第 2 页。

③ 吴理财：《20 世纪村政的兴衰及村民自治与国家重建》，《当代中国研究》2002 年夏季号。

④ 佛冈县地方志编纂委员会：《佛冈县志》，中华书局 2003 年版，第 23 页。

欧就起、姚庚人等率 200 余人占据佛冈厅城数日，吉河乡十三堡乡绅率勇围城，最终克复全城，活捉百余人。① 另一方面，乡村社会共同抗拒官府欺压。光绪八年（1882 年）十月，清远知县罗璋前往潖江清乡，围上下岳、竹园、珠坑、南坑、从化围、汤塘等处，勒缴红花银 8000 余两。光绪十年（1884 年），因上下岳争山案，知县罗璋偏断，绅民怒，罗请上派兵弹压，六月大兵至，押绅烧屋，抢掠一空。② 这种自我防卫甚至体现在了当时的村庄建设布局之中。民国十五年（1926 年）云台及其周边村庄卷入刘、黄大械斗期间，黄姓势力就是倾其力量在芦洞、云台、咸水三个村修筑炮楼与围墙等防御工事，打造固若金汤的防线，这些建筑的痕迹至今犹存。这种自我保障的意识甚至延续到了新中国成立之后。1963 年吴德水领导的村居建设理事小组对村庄进行了整体规划与布局。当时村居的规划按照横十一排、纵十一列的方形格局进行规划，四面有围水，三面建门楼，周边还有三口水塘。整个村居规划横平竖直、纵横交错，十分工整。既考虑到村容村貌的整洁，又充分考虑了村庄的防御功能。这里尤其要注意的是，虽然这次规划是在 1963年，但显然规划中遵循的还是传统宗族村落的自我保障、自我防卫思维。村落四面建有围水，三面建门楼，具有较强的防卫功能。而三口风水塘的设置更是在更高的精神信仰的层面为村民提供了安全的保障，这种保障甚至某种程度上超越了现实生活中的安全保障。

　　乡村社会的自治其次表现为自我救济。云台村基于传统时期落后的生产力与艰难的生活环境还形成了一整套的宗族社会救助机制。在传统乡土中国，并没有一个体制性的基本社会保障体系，社会保障多是依靠民间的互帮互助。当然，传统华南社会，又是一个社会力量相对活跃的社会，很多源于乡土、服务乡土的社会保障机制在关键时刻会被激活并发挥重要的作用。社会保障机制甚至超越

① 佛冈县地方志编纂委员会：《佛冈县志》，中华书局 2003 年版，第 25 页。
② 佛冈县地方志编纂委员会：《佛冈县志》，中华书局 2003 年版，第 25 页。

了宗族，延伸到更大的乡村社会之中。其中，最为重要的一个纽带就是因婚嫁而结成的亲戚关系，亲戚成为除了宗族之外最为重要的社会网络，关键时刻甚至会发挥巨大作用。在民国十五年（1926年）的磨难中，云台村的大多数家庭就是依靠亲戚的庇护而渡过难关的。此外，在更大的范围内，也会有一些乡绅在灾年为贫民提供借贷，甚至是进行赈粥等义举。在这里要专门提到的是，在生产力低下的传统时期，富人与穷人之间也存在一种相互依存的关系，不同社会主体都希望风调雨顺，并能在灾害之年共渡难关。从访谈资料来看，地主对于佃农、长工等也有一定的庇护功能。

　　"那时候那些财主也没有后来说得那么坏，石联那个大地主，当时谁家没有粮了到他家借谷子，他会先留人在那里吃顿饭，让你好好地吃顿饱饭，然后再包上谷子让你背回去。所以后来斗地主的时候，很多人都还是念着他的情的。"①

　　不难看出，传统时期，在县级之下、自然村落之上的社会空间，已然形成了一个社会自治的空间。在这个社会空间内，乡绅发挥了重要的作用。当然，县以下也并非"皇权"真空，国家已经依靠基层组织将其功能延伸到了最基层，乡村社会在某种程度上形成了正式体制性权力与社会自治组织协同共治的局面。尤其是民国时期保甲法的实施，这是国家政权向基层的渗透，力图以村级行政取代自然村权力。吴理财教授在研究中也指出，传统中国乡治组织不完全是国家的正式机构，但它始终摆脱不了国家机构的作用，成为一种事实上的"半官半民"或"亦官亦民"的组织。② 但整体而言，民国时期的保甲法并没有致使家族制度走向消亡，乡村社会自

---

① 访谈记录：DDC，GSH，2015 年 5 月 6 日。
② 吴理财：《改革与重建——中国乡镇制度研究》，高等教育出版社 2010 年版，第 14 页。

治还是广泛的存在。[①]

（三）乡村集市

传统时期，村民的日常生产生活更离不开进行日常用品交易的农村市场，农村市场很大程度上是社会自发的产物，也是社会自治的重要载体。关于传统时期农村市场，施坚雅以成都平原为样本，已经进行了非常有成效的研究，他甚至认为农村市集所形成的交易圈才是农村的基本单位。[②] 传统时期的云台村，也已经有较为发达的农村商品贸易墟市。当然，云台村只是整个市集圈的一部分，云台人生产生活所依托的是距离云台一千米的三八圩。三八圩既是当时龙蟠堡所在地，也是新中国成立后里水乡乡政府所在地，同时也是现在的里水公共服务站所在地。

所谓三八圩，就是每逢三、八两天而开的圩市。三八圩设立较早，在道光年间成书的《佛冈厅志》中对此已有记载：

> 墟市之交易也。通都大邑，列廛而居。各乡去治远，日用饮食之需不能舍，皆取诸宫中也，爰于近乡闲旷之地互市。
>
> 治西郭外二里许，设石角墟，百工之庶物集焉。铺户数百，常市外，复期以一、六之日。
>
> 又西，龙蟠堡设龙蟠墟，龙潭堡设三八圩（即今龙南里水）。
>
> ……[③]

三八圩又称龙潭圩、龙潭市，是龙潭堡的政治、经济、文化中

[①]　杨念群：《中层理论——东西方思想会通下的中国史研究》，江西教育出版社 2001 年版，第 171 页。

[②]　施坚雅：《中国农村的市场和社会结构》，中国社会科学出版社 1998 年版。

[③]　佛冈县史志办公室：《佛冈厅志（原文—译注对照本）》，中华书局 2007 年版，第 101 页。

心，它的繁盛一直延续到了 1949 年之后。直到 1965 年农历五月节发大水，公社领导怕水冲公社，把社址迁到了龙南的旱塘岗，原来龙潭市的供销社、信用社、卫生院、手工业社、缝纫社等也随之搬迁到旱塘岗，原来的龙潭市圩场才逐渐衰落并废置，但龙潭圩从民国时期到新中国成立初期的繁荣是不可磨灭的。

> 龙潭市是龙潭的农副产品流通集散地，贸易互市随着咸丰十年建立的云从社学而逐渐形成。圩场围绕社学而建，社学的南北两侧建有商铺，社学前面建有圩亭和露天圩场，设东南西北四门，最西端设有 1.5 米的围墙，整个圩场就形成了。圩场的东门楣上刻有"龙潭市"三个大字。……南北尾卡是公秤。社学左边一排大叶桉树，林荫树下是外地走圩的商贩摆卖油盐、糖豆、煤油、咸鱼、豆豉、头花菜、凉茶的摊档，以及农民摆卖蔬菜、蛋品等农副产品。……赴圩人来自四面八方，除龙潭地区外，龙蟠堡、石角、水头、龙山的关前、清远的横石、从化的鳌头等地商贩都来赴龙潭市。①

难得的是，在陆光林的记述中，还有云台人在三八圩开商铺的影子，这也进一步表明传统时期市场圈对于云台村的重要性。

> 还有谢万权、何榕水、曾相、吴观清等人开的豆腐档，还有油炸角、糍糕、凉粉等摊档。②

传统时期的乡村市场不仅仅是商品交易的场所，也具有其他的功能。龙潭市当时还是乡村社会的劳务市场。

---

① 陆光林:《云从社学、日龙潭市的变迁》，《佛冈文史》，2013 年，第 113 页。
② 陆光林:《云从社学、日龙潭市的变迁》，《佛冈文史》，2013 年，第 113 页。

过完年找工夫是穷人每年春节后的第一件大事,正月初二至十五逢龙潭市圩日,就是雇主与工人面对面讲工夫的日子,清长工、二耙、看牛仔,还有短工。一年多少人工谷,双方讨价还价,如果正月十五还未落实工夫,工人着急,雇主更着急。①

不难看出,民国时期云台村所在地区已经形成了一个较为完备的乡村市场体系。当然,这种市场的繁华也受到了宗族村之间关系的影响,宗族在某些特殊时期成为影响市场自由的一个关键要素。龙潭圩在民国期间,就有一段因宗族械斗而引发的发展危机。

龙潭圩本是一个仅有数十户人家的小村落,名叫新田村。到民国十年,这里才开始设有杂货小店,以方便村民。民国十五年佛冈境内爆发了由封建观念引起的刘黄两姓大械斗,而当时龙南的主要圩市龙潭圩和佛冈县城附近的石角圩均属于黄姓势力范围,新田村一带多属姓刘,为了生命安全起见,刘姓族人都不去龙潭圩和石角圩赶集。当时封建姓氏乡规也明确规定:龙南永福坛属下各村人均不准往龙潭、石角赶集卖东西,否则一律没收,充归永福坛(永福坛是个农民自己组织起来的醮会,属下有十五个自然村)。一次龙蟠村人刘礼佐违反规定,挑米前往龙潭圩出售,果真在半途被族人把米全部没收。由此,新田村在特殊条件下很快形成圩市,并迅速兴旺起来。

民国二十二年之后,随着姓氏械斗的火药味逐渐消散,封建姓氏间的敌意也逐渐消除,加上龙潭、石角两圩场较大,商店较多,圩期又与龙塘圩相近,这样永福坛人去龙潭圩和石角圩赶集的习惯又逐渐恢复。抗日战争胜利后,便完全没有人去

---

① 陆光林:《云从社学、日龙潭市的变迁》,《佛冈文史》,2013 年,第 115 页。

龙潭圩赶集，至此龙潭圩便告消失。①

（四）汇织与会

传统宗族村之上乡村自治的兴盛还在于传统社会形成了多样化、多层级、多领域的自治组织体系。换言之，在宗族社会内部，除了自然村层面形成的宗族自治组织之外，在更大的区域范围内还衍生出了诸多的民间组织。

1. 汇织

传统时期自给自足的小农经济并没有完全排斥市场。相反，市场机制在整个乡村经济运行中发挥了重要的作用。也正是在市场营利性的驱动下，一些生产经营组织得到了很好的发展，上文中提到的"水会"便是农业生产领域营利性的草根自治组织。在这样的组织内部，最主要的动机是经济保障，所有成员都处于责任和义务的平等线上。② 当然，活跃于传统乡土社会的营利性自治组织还有很多，"汇织"就是很有代表性的一种。

民国末年，由于法币贬值，在与云台村相近的龙潭市，交易都是以稻谷来折算的。但以稻谷为实物货币也存在携带上的不便，于是"汇织"应需而生。

> "你想想，一个人大老远背着盐来三八圩卖盐，盐卖完了，换回来了几百上千斤的谷子。那谷子怎么背走呀，还不累死他呀。那个时候就有一个办法，就是把这些谷子存到大地主黄同合那里，黄同合再给你写个单子，这个单子就是回执，你拿着这个回执就可以在他们的汇织中去取。"③

---

① 刘炳耀：《龙塘圩的变迁》，《佛冈文史漫话》，2011 年，第 46 页。

② ［美］葛学傅：《华南的乡村生活——广东凤凰村的家族主义社会学研究》，周大鸣译，知识产权出版社 2012 年版，第 116 页。

③ 访谈记录：XSC，HWZ，2015 年 6 月 20 日。

显然，汇织是当时在清远范围内一些有财力的大户人家之间建立的一种金融组织，它们彼此认可彼此写的回执，任何一个人拿着在某一商户那里存谷而开出的回执，都可以到其他地方的组织成员那里领取谷子，这样就免除了运输之苦。汇织组织内部每年年底相互结算，平衡彼此的收支。当然，商户借助汇织的力量也是要缴纳一定的费用的。这种汇织组织实质上是在国家货币贬值、国家金融机构不畅的情况下的一种民间金融组织。汇织组织成员以其财力赢得了社会信任度，这种农村的民间信用显然超越了人们对国家信用的认可程度。当然，这也体现出一个有着广义互惠原则的社会比一个互不信任的社会更加有效率，这同现金交易比物物交易更有效率是一样的道理。①

2. 水会

传统乡土社会，围绕着基本的生产生活产生了很多的公共事务，这些公共事务多以自治的形式解决。其中，基础设施建设中呈现出一种自我服务的民间智慧。云台村并不是依河而建的村庄，水资源成为影响农业生产的重要因素。于是云台村及其周边地区，就形成了一个引水、护水、用水的自治机制。

　　"那时候就会有人来张罗成立一个水会，水会就是一个用水的组织。那个水田都是挨着的嘛。你就去把水引回来，谁家用水谁就引到自己田里去。用了你的水就要给你谷子，等谷子熟了的时候，就到他地里去割谷子，割多少是早讲好的。"②

3. 路会

传统时期，对乡村道路的修护也是通过"路会"的形式自我解

---

① ［美］罗伯特·帕特南：《独打保龄球：美国社区的衰落与复兴》，刘波等译，北京大学出版社 2011 年版，第 10 页。

② 访谈记录：XSC，HWZ，2015 年 6 月 20 日。

决，但"路会"实行的是另一种与"水会"完全不同的组织机制与运行机理。"水会"是市场性行为，而"路会"更多的是社会公益行为，中间很少有利益的考量。

> "路会就是负责修护村里的道路的，以前的道路都是泥巴路的嘛，每年下大雨就冲坏了，要经常修护。那每年大家就会有人出来争会首，你出一斗谷子，他就出三斗谷子，出得最多的就做会首，负责一年的道路修护的组织工作。路会会首等人的谷子是收不回来的，大家赚的就是个名声，就是个荣誉。尤其是修新路的时候，就像现在一样，那个时候也是会立一个路碑的，捐款多的就会刻上名字。"[1]

4. 借贷会

如前文所述，传统时期的农村金融也十分兴盛，草根性的金融借贷机制在很大程度上维护了乡村社会的稳定。这其中，"会"这一互惠型的农村金融组织最具草根性，也是最为普遍的一种农村金融组织。

> "不管是为了结婚，还是盖房子，还是其他什么事情，只要你有借贷需要。你就可以召集几个人一起成立一个'会'，你就是会头，其他人就是会员，会头向各个会员借贷。比如说你向每个会员借贷三斗米，那大家就都给你三斗米。以后每年你要召集大家开一次会，说明一下你这一年的收成情况以及还贷能力。然后会员就会商议你先还谁的谷子，大家都报一个数，价低者得。比如有人家里有事，比较着急你还谷子，他可能就不要三斗了，就只要你还两斗就行了，他又是要得最少

的，那你就先还他的，只还给他两斗就行了。然后来年有能力了再还要价最低的那个会员，直到全部还完。当然，每年召集开一次会，每开一次会会头也要张罗大家吃一餐饭，作为感谢。整体来看，会员肯定是吃亏的，不像我们今天，存钱、借钱还有利息，那个时候就是每年那一顿饭。而且你要是急用的话，还要少要一些谷子才能先还给你，也就是说非但没有的赚，老本还少了一些呢。"①

这种借贷机制实质上是传统时期乡村社会的一种互惠机制。这种借贷一般是在熟人社会中进行，彼此对对方的家底、品格较为了解，这就降低了"赖账"的风险。当然，在传统时期，自耕农抗风险能力弱，随时都处于破产的边缘，违约失信的代价是非常大的。在一个共同体中，信任水平越高，合作的可能性就越大，而且合作本身会带来信任。② 正如约吉·贝拉所说："如果你不去参加某人的葬礼，也别指望以后人们会来参加你的葬礼。"③

5. 理事会

民间信仰是传统乡土社会文化生活的重要组成部分，甚至是其精神内核。民间信仰的组织者一般都是在乡土社会有声望的人，他们在具体事务中组成理事会，选出总理、副总理等职务进行事务性自治。④

炉洞的兴隆古庙做神功，头主缘是何黄金，榜缘是陆光胜，总理是邓谷树，副总理是我和何谷淮，打三天三夜，全村

---

① 访谈记录：XSC，HWZ，2015 年 6 月 20 日。

② ［美］罗伯特·帕特南：《使民主运转起来》，王列等译，江西人民出版社 2001 年版，第 200 页。

③ ［美］罗伯特·帕特南：《独打保龄球：美国社区的衰落与复兴》，刘波等译，北京大学出版社 2011 年版，第 11 页。

④ 肖唐镖：《宗族政治——村治权力网络的分析》，商务印书馆 2010 年版，第 135 页。

群众敲锣打鼓,往全乡庙堂游庙拜神,十名正副总理坐斗前往。①

三 宗族村与保甲

传统时期云台村所在华南乡土社会在形成了一整套的社会自治体系的同时,也有正式的体制性力量的存在,尤其是到民国时期。民国初年在农村基层实施了一段时间的"乡村自治"之后,当局发现"乡村自治"难以实现强化国家政权的目标,于是在全国范围内逐步推行保甲制度。② 保甲制度的实施对于国家政权建设发挥了一定的作用,但因种种客观限制,民国时期的保甲制度未能真正渗透到乡村社会内部,其作用也是有限的。它甚至会借助乡里、家族和士绅来实现自己的目标。③ 如此,国家的正式权力一般"止于县",这既有客观条件的制约,又有主观条件的制约。④ 民国时期的政府有能力把权力延伸入村,但它也还是缺乏直接派任领薪人员入村的机器,必须通过庄内的人来控制自然村。⑤

(一) 乡村有保甲

民国时期的保甲制是以户为基本单位的,户有户长;十户为甲,甲有甲长;十甲为保,保有保长。保甲按居住的状况挨家挨户编排,基本上依照自然村镇编排。由此可见,保甲制一定程度上也

---

① 来自陆光林个人口述材料《坎坷一生——我的回忆录》。

② 张鸣:《乡村社会权力和文化结构的变迁 (1903—1953)》,陕西人民出版社 2013 年版,第 105 页。

③ 项继权:《中国乡村治理的层级及其变迁——兼论当前乡村体制的改革》,《开放与时代》2008 年第 3 期。

④ 吴理财:《乡镇重建——中国乡镇制度研究》,高等教育出版社 2010 年版,第 12 页。

⑤ [美] 黄宗智:《华北的小农经济与社会变迁》,中华书局 2000 年版,第 313 页。

还是尊重了乡村社会中宗族村这一基本单元。云台村在民国末年归属龙潭乡，共有 7 保、74 甲、1074 户，云台村村民分别属于第 2 保的第 4、5 两个甲。从当时的村民户籍材料中可以看出，当时一个甲的人数也并不是严格局限于 10 户的。

表 2—4　　吴氏族人保甲分布情况（民国三十六年，1947 年）①

乡	保次	甲次	户次	人员
龙潭乡	2	4	1	吴邝氏、吴林相、吴邓氏、吴林氏
龙潭乡	2	4	2	吴邦基、吴黄氏
龙潭乡	2	4	3	吴德巧、吴陈氏
龙潭乡	2	4	4	吴邦珍、吴刘氏、吴刘氏、吴亚锦
龙潭乡	2	4	5	吴邦财、吴丘氏
龙潭乡	2	4	6	吴德景、吴黄氏、吴刘氏
龙潭乡	2	4	7	吴东水、吴宋氏
龙潭乡	2	4	9	吴金全、吴袁氏、吴德深
龙潭乡	2	4	10	吴德志、吴黄氏
龙潭乡	2	4	11	吴德彬、吴曾氏
龙潭乡	2	4	12	吴德托、吴郑氏
龙潭乡	2	4	13	吴德金、吴曾氏
龙潭乡	2	4	14	吴德新、吴曾氏
龙潭乡	2	4	15	吴绍君、吴陈氏、吴郑氏
龙潭乡	2	4	16	吴德怡、吴亚江
龙潭乡	2	5	1	吴荣
龙潭乡	2	5	2	吴德灶、吴刘氏、吴郑氏
龙潭乡	2	5	3	吴郑氏
龙潭乡	2	5	4	吴观清、吴观怡、吴刘氏、吴袁氏、吴东安
龙潭乡	2	5	5	吴德社、吴德柱
龙潭乡	2	5	6	吴邦兴、吴罗氏、吴东石
龙潭乡	2	5	7	吴绍全
龙潭乡	2	5	8	吴德高、吴西辉、吴郑氏、吴德升
龙潭乡	2	5	9	吴刘氏
龙潭乡	2	5	10	吴德财、吴郑氏、吴陈氏

① 资料由佛冈县档案局云台身份证档案整理所得。

当然，在上文中所引用的云台村民国期间的两份会议记录中，也有保甲等整套基层组织体系的影子。

在场见证人：吴德社、吴德高
甲长：吴细辉、吴德清
保长：苏志均
副保长：陈生贵
父老：陈有林
乡长：黄镜为
副乡长：郑兴标

列席者：
绅耆：刘连滔、陈比记、陈典章、黄连朝、刘利坚、刘诗珠
乡长：陈祥炳
甲长：吴德清

两份会议记录①中的出席者中均有乡长、保甲长等公职人员。当然，会议记录中呈现的云台村保甲分布情况与户籍材料相契合，也就基本上证实了云台村在民国末年的农村基层组织分布情况。

（二）保甲靠宗族

保甲制的实施无疑为国家权力进入乡村社会提供了崭新的载体与渠道，但受民国时期财力等因素的制约，保甲制发挥作用的限度是极其有限的。佛冈县参议会的一份议案就呈现了当时基层政权的软弱化乃至虚置化。

---

① 资料均来自佛冈档案局民国档案。

健全基层组织以利施政案[1]

查本县各乡保公所经费均系自筹自给，多因筹措困难缩减员额，且干部人才未经训练，自治智能薄弱，对于推行政令殊多窒碍。为便利施政起见，实有健全本县基层组织之必要。

办法：

1. 饬令各乡保公所配足员额，并限期由县政府调训各乡保工作人员增进其自治智能。

2. 请县政府按照县预算按月发足各乡保经费并依照县级公务人员待遇发给薪金。

3. 随时派员下乡督导。

是否妥当静候公决

从以上这份材料中可以看出，民国时期以乡、保、甲为主的基层组织建设是较为薄弱的，乃至于基本的人员配置都难以保障。

> "当时说是叫什么龙潭乡、龙蟠乡的，但其实就没几个人，一个乡就是正、副两个乡长，然后就只有两个锁丁（警察）了。"[2]

这也就导致保甲长乃至于乡长在乡村社会发挥的作用是十分有限的，他们的作用发挥更多的还是要借助乡绅与宗族的力量，如上文多次引述的云台村两份会议记录中，保甲长以及乡长并不能发挥主导作用，而只是见证人或列席者，乡村事务的处理更多的还是依靠宗族。这与郑振满教授在研究福建宗族组织时的发现也是契合的，即在福建地区，至迟自明中叶开始，家族组织已直接与里甲制

---

[1] 资料来自佛冈档案局民国档案。

[2] 访谈记录：XSC，HWZ，2015 年 4 月 24 日。

度相结合,演变为基层政权组织。[①] 与此同时,国家的很多事务如纳税等也通过自治的方式与乡土社会相衔接。为了节约成本,政府往往巧妙地借用宗族组织的影响以维持国家政令在乡野间的传达,它在一定程度上使国家制度性权力得以在乡村社会延续,并与绅权共同制约或影响着乡野民间社会的发展。[②]

四 宗族村与国家

传统时期,"皇权不下县",严格说来,当时正式的体制性权力仅到了县一级。而对于皇权统治的边陲地带,国家权力的统治力就更弱,甚至于很长一段时间都是处于空白状态。云台村所处的佛冈县就处于这样一个边陲地带。当然,宗族村与代表国家的县级政权还存在较多的联系。

(一) 县政补充村治

费孝通先生在《基层行政的僵化》一文中指出,中国幅员辽阔,在如此大的空间内,王权无法通过直接派遣官吏的方式进行统一管理,正式的官僚行政机构只能下放到县一级,县以下存在许多自治性的组织,以便与正式的行政体系相衔接。[③] 地处粤北地区的佛冈县不仅远离中央皇权,而且处于广东政治经济文化核心圈之外。历史上有很长一段时间,佛冈之地分属英德与清远管辖,直至清朝雍正年间,才开始在佛冈设立正式机构,嘉庆年间方正式设立佛冈厅。当然,即便是在佛冈厅建立之后,正式的体制性权力在佛冈的体现除了征收税赋之外,也就只剩下为数不多的剿匪、赈灾、

---

① 郑振满:《明清福建家族组织与社会变迁》,中国人民大学出版社 2012 年版,第 183 页。

② 牟成文:《中国农民意识形态的变迁——以鄂东 A 村为个案》,湖北人民出版社 2008 年版,第 29 页。

③ 杨念群:《中层理论——东西方思想会通下的中国史研究》,江西教育出版社 2001 年版,第 147 页。

教化等事务了。当然，之所以在佛冈正式设立佛冈厅，主要也是基于乡土社会对于安全的客观需要，乡村社会需要政府提供更为有效的安全保障。

> 雍正四年（1726 年），巡抚杨某行令，以观音山界连广韶，匪徒啸聚出没期间，清远、英德二县管理不到，勘踏得吉河乡土名大浦坪之官荒地一段，地势平坦，北枕观音山雁岩，足资控制，请求划拨地方立县。部议设县经费开支庞大，只准允添设同知驻防弹压。①

佛冈厅建立较晚，甚至捕盗同知的设立也已经是 1736 年。在此之前的佛冈地区因为较为偏僻而"清远、英德二县管理不到"，这也是地方政府请求设立佛冈厅的重要原因之一。当然，即便是在佛冈设厅之后，军民厅对社会事务的管控力度也还是极为有限的，只有乡村事务无法通过自治的方式解决的时候，才会由军民厅进行干预。

（二）县政难替村治

传统时期进入乡土社会的体制性力量是有限的，这种有限性主要还是碍于体制性力量本身的限度，体制性力量的强弱又是与当时的财政状况紧密相连的。嘉庆年间，佛冈厅设佛冈营以维持地方治安。佛冈营有千总、把总、外委、马兵、步兵等共 250 人，后裁为 246 人。这样的兵力配置，每年仅兵饷就需银 3654 两、粮米 878.4 石、养廉银 246 两。此外，还有办公费每年 90.72 两，红白赏每年 93.896 两，坐马、战马所需米料、草料每年 177.282 两。除了军队的装备等另计之外，佛冈营一年的军费开支为 5140.298 两。②

---

① 佛冈县地方志编纂委员会：《佛冈县志》，中华书局 2003 年版，第 20 页。
② 佛冈县地方志编纂委员会：《佛冈县志》，中华书局 2003 年版，第 421 页。

表2—5   嘉庆年间佛冈厅兵饷统计①

职务	人数	每人月饷银（两）	年饷银小计（两）	年养廉银（两）	年粮米（石）
千总	1	4	48	120	—
把总	1	3	36	90	—
外委	2	2	48	36	7.2
马兵	15	2	360	—	54
步兵	61	1.5	1170	—	219.6
守兵	162	1	1944	—	583.2
杂役	4	1	48	—	14.4
合计	246	14.5	3654	246	878.4

嘉庆年间，除兵饷之外，佛冈厅还需财政支撑的便是佛冈厅署
的开支。传统时期佛冈厅署的工作人员也是很精简的，有记载可查
的有同知、司狱司、皂隶、马快、民壮等60人，共需俸工银每年
1459.52两。

表2—6   嘉庆年间佛冈厅官差俸工统计②

职务	人数	每人年俸工	年养廉银	年俸工小计	遇闰共加银
同知	1	80	940	1020	—
司狱司	1	31.52	60	91.52	—
皂隶	10	6	—	60	5
马快	4	6	—	24	2
民壮	16	6	—	96	—
跑役	4	6	—	24	2
仵作	2	6	—	12	1
斗级	2	6	—	12	1
门子	2	6	—	12	1
轿伞扇夫	7	6	—	42	3.5

① 佛冈县地方志编纂委员会:《佛冈县志》，中华书局2003年版，第421页。
② 佛冈县地方志编纂委员会:《佛冈县志》，中华书局2003年版，第421页。

续表

职务	人数	每人年俸工	年养廉银	年俸工小计	遇闰共加银
禁卒	4	6	—	24	2
更夫	3	6	—	18	1.5
司狱司门子、马夫、皂隶	4	6	—	24	2
合计	60	177.52	1000	1459.52	21

佛冈营之外,整个佛冈厅拿正式俸禄的官差仅有 60 人,这其中还包括了门子、更夫、轿伞扇夫等。从中不难推断,佛冈厅对乡村社会的管理能力是极其有限的。即便是佛冈营也仅有 246 人,与当时华南乡土社会的动辄上千人的盗匪队伍相比显然不占优势。尤其是在冷兵器时代,人数上的劣势使佛冈营很难为乡村社会提供有效的治安保障,甚至连对管辖范围内的宗族械斗都力有不逮。

然而,就是这样的官员与兵士配置,却已经大大超出了佛冈县的财政供养能力。据记载,嘉庆二十年(1815 年),佛冈厅有民户 4282 户,人口 58993 人(其中男 43275 人,女 15718 人),有田亩(含田、地、山、塘)90926.88 亩。每年征收地丁银 3165.847 两,遇闰加征 64.29335 两。此外,佛冈厅尚有杂税每年收入共银 55.41 两。佛冈厅的财政收入每年共银 3221.257 两。由此,佛冈厅年开支军费和俸工银 5721.468 两,而年财政收入银方 3221.275 两,收支对比年超支银 2500.193 两,超支部分需要清远县和英德县拨解。佛冈厅的这种地窄民穷、入不敷出、库无存款、仓无存粮的状况一直延续到清朝末年。[①]

佛冈财政能力的不足一直延续到民国时期,乃至民国三十六年(1947 年)佛冈县财政能力还是极其有限的。当年,佛冈县全县的财政收入预算总计为 42011.30 万元,财政支出预算总计也是

---

① 佛冈县地方志编纂委员会:《佛冈县志》,中华书局 2003 年版,第 420 页。

42011. 30 万元。而这样的一个财政能力所能体现出的政府行政能力，从当年的具体的财政支出预算中就能有一个清晰的认知。

表 2—7　　　民国三十六年（1947 年）佛冈县财政支出预算表①

财政预算项目	金额（万元）	占比（%）
政权行使支出	200	0. 5
行政支出	2300	5. 5
教育文化支出	1500	3. 6
经济建设支出	1500	3. 6
卫生支出	1200	2. 9
社会及救济支出	700	1. 7
保安及警察支出	1000	2. 4
其他支出（大部分为公务人员生活补贴）	33611. 30	80
合计:	42011. 30	100

从民国三十六年（1947 年）佛冈县的财政状况表中可以清晰地看出，当时的财政基本仅够供奉县域范围内的公务人员，而无法通过积极介入乡村建设与乡村公共事务而增进对乡村社会的掌控与干预能力，财政能力限制了施政能力，县政始终是外在于宗族村的。

（三）县政借助村治

从既有论述中不难看出，由于中央权力对广阔的地域和众多的人口的统治鞭长莫及，使权力越来越分散于社会，由此形成了两个极端：一极是政治权力高度集中于中央，形成中央的绝对统治；另一极是实际统治社会的权力高度分散于各个村落共同体。由此形成了上下分立、国家统治与乡村社会分治的治理体系。② 国家与社会之

---

① 佛冈县地方志编纂委员会:《佛冈县志》，中华书局 2003 年版，第 422 页。
② 徐勇:《"政权下乡":现代国家对乡土社会的整合》，《贵州社会科学》2007 年第 11 期。

间一般只存在两个方面的联系，一个是纳税，另一个便是兵役。

在传统时期的云台村，祖尝的一个重要功能就是纳税。这一功能在可查的村庄材料中也有明显的线索。

> 盖先祖诣下税业数百亩，并作烝尝之祀典以为修坟之资费。爰是追宗报本，故为人子者，当思木本水源，须重慎终追还孝思维则比之谓也。[①]

此处所提到的"税业数百亩"，可以大致看出村中祖尝在纳税方面的功能。此外，云台村民国三十六年（1947 年）的几场围绕房支祖尝的官司记录中，也有对于祖尝纳税功能的叙述，双方还为此展开了辩论。

> 承先祖父遗嘱均指定为各太祖每年春秋二季祭祀之需。原告人为各太祖之值理已数十年，所有尝田租项均照常批耕，管理收支无恙。不料同村被告歹侄林相立心不轨，觊觎祖尝，于去年一年欠租谷十余石延不清交，以致应缴地税至今尚未完纳。[②]

控诉书所言是否属实暂且不论，可以看出的是，族人耕种尝田之后的租谷缴纳影响了地税的缴纳。由此可见，尝田是担负了纳税功能的。而在吴林相、吴邦基的辩诉书中，对此有更为细致的描述。

> 查被辩诉人吴邦基庭供谓民等耕管各太祖之田全未缴纳地税等语，尤见其好事，并可证明其非值理。查民等太

---

① 资料来自云台村吴德华民国时期手抄本。
② 资料来自佛冈县档案局民国档案。

祖吴陆全、吴锡荣等地税早已经缴纳，自有政府发给收据为凭。①

除纳税之外，村民还有服兵役的义务。云台村现存可查阅的材料中，已经很难找到当年村民正式服兵役的材料。但是在佛冈县档案局民国档案中，仍然保存着一份民国三十七年（1948 年）四月二十六日造的佛冈县龙潭乡防奸后备自卫队官丁花名册，其中就有云台村吴氏族人作为后备队成员的记录。

表2—8　　　佛冈县龙潭乡防奸后备自卫队官丁花名册（节选）②

姓名	级别	年龄	枪支种类	子弹数量
吴贵州	传令兵	25	—	—
吴德兵	队员	27	七九步枪	20
吴德相	队员	28	左轮手枪	20
吴德社	队员	29	七九步枪	30
吴西辉	队员	28	七九步枪	20
吴林全	队员	38	左轮手枪	20

五　本章小结

传统乡村自治是一种根植于传统宗族社会的完整自治形态，是以宗族村自治为基础并向外生长延伸而成的完整自治体系。换言之，传统自治的兴盛是与传统时期乡村社会的社会土壤紧密相连的。

---

① 资料来自佛冈县档案局民国档案。
② 资料来自佛冈县档案局民国档案。

传统乡村社会首先由一个个相对独立的宗族村落组成。在宗族村内部,同根同源的血缘关系逐步形成了文化共同体,聚族而居的地缘关系逐步奠定了社会共同体,而以土地产权为核心的利益关系逐步凝聚起了经济共同体。正是在这个经济、社会、文化共同体内,基于日常生产生活的需要,衍生出了大量的公共事务,成长起来了族长、房长等自治主体,形成了自治的经济资源及规训资源,建构起了完整的宗族自治共同体。这里尤其要注意的是,在这个最基本的社会自治单元中,自治的血缘基础、自治的产权基础、自治的地域与规模发挥着基础性的作用,并成为影响自治良性运转的核心要素。当然,从传统时期云台村的情况来看,吴氏宗族在经历大械斗之后有几个支脉的族人并未回迁,村庄内乃至宗族内也允许非吴氏血脉人员的融入。此外,从吴氏始祖定居云台到民国末年的几百年间,云台吴氏族人由当初的四人发展为26户、近百人,自治仍旧在整个宗族以及宗族以下的房支层面上良性地运转着。由此可见,血缘与规模是自治的核心要素但却不是最为关键的。影响自治最核心、最关键的要素应该是利益。从云台村传统时期的发展变迁来看,无论是族人大械斗后的回迁,还是围绕公田的诉讼,抑或对于族规的遵循,本质上讲都是利益使然,都是传统时期较为恶劣的生存环境下族人抱团取暖的需要。

也正是在共同利益的寻求过程中,自治突破了宗族村的范畴,向更大的乡土社会生长延伸。于是,宗族之间有了社会,宗族之间有了市场,宗族之间也成长起来了领导整个乡村社会自治的乡绅阶层。当然,宗族村自治的成长主要是在宗族村之上、厅县之下的社会空间。自治在这个社会空间内的发展也与不同时期的体制性权力力量有限有很大关系。正是因为传统时期的财政情况决定了"皇权不下县",才为乡村社会自治提供了较为宽松的发展环境。也正是乡村社会这一缓冲地带的存在,又为宗族村自治创造了宽松的社会氛围。

值得注意的是，传统乡土社会并不是没有正式的体制性力量的存在，以民国末年为例，以保甲制度为依托的基层政权已经延伸到了乡村社会的基本单元即宗族村落之中，正式的体制性治理在乡村社会中也发挥着较为重要的作用。甚至于从根本上讲，宗族自治只是在政府允许的有限范围内进行的。① 但整体而言，在乡村社会呈现出某种程度的多元协同共治局面的同时，并未妨碍完整的社会自治体系的存在及其有效运转，整个乡村社会最为核心的治理方式还是乡村社会自治，自治是传统宗族社会的主旋律。

---

① 冯尔康:《简论清代宗族的"自治"性》,《华中师范大学学报》（人文社会科学版）2006 年第 1 期。

第三章

国家建构下的村民自治:村委会
下移的社会基础

起点决定路径,原型决定转型,对清远市村民自治重心下移改革的研究还是要回归制度原型,首先是对建制村以下社会单元内广泛存在的自治形式进行深入的考察。30多年来,关于村民自治的质疑与争论贯穿了村民自治发展的全过程,但不论是村民自治的支持者还是质疑者,大家对于30多年村民自治发展中的问题还是达成了很多基本的共识,其中之一就是建制村村民自治的行政化,甚至有学者据此提出了"村民自治已死"的结论。庆幸的是,村民自治作为一种草根性治理,有着强大的生命力,总是在实践中为自己寻找发展空间,开辟新的出路。华南建制村以下以村民小组、自然村为基本单元的村民自治在实践中焕发出强劲的生机,这也成为清远市村民自治重心下移改革的重要依据。清远市的改革正是看到了建制村以下村民自治的活力,并着力于进一步激活建制村以下社会单元的自治资源。

一 自然村自治变迁

从传统宗族村自治到现代自然村自治的转变不是一蹴而就的,而是经历了一个较长的历史过程。在这个历史演进过程中,中国由新民主主义社会进入了社会主义社会,国家正式的体制性力量不断地下移,找寻着国家与社会之间的最佳边界,乡土社会也随之发生着深刻的社会变迁。

(一) 土地改革自治受影响

1949 年之后,中国乡村社会发生了翻天覆地的变革,这种变革首先是从土地改革开始的。佛冈县土地改革工作是从 1951 年开始启动的。1951 年 2 月 24 日,县委召开土改工作会议,讨论和决定有关整队、基层组织和土改等问题。5 月,土改工作队开始在石角镇科旺村试点,之后逐步推广到全县。① 云台村所在的里水乡的土地改革也是 1951 年开始展开,并于 1952 年全面推进。1952 年 9 月 7 日到 10 月 14 日,里水乡分三个阶段划分阶级;1952 年 10 月 7 日里水乡分田到户;1952 年 10 月 30 日选出农民协会、乡政委员会;1953 年初土改复查,最终确定全乡阶级划分。整个土地改革工作全面地重构了农村土地占有,调整了农村的生产关系,对乡土社会产生了重要的影响。

1. 权力阶层重构

亨廷顿曾经指出:"一个政党如果想首先成为群众性的组织,进而成为政府的稳固基础,那它就必须把自己的组织扩展到农村地区。"② 中国共产党得以将农民带入政治生活的成功之处,不在于自上而下地建立政权体系,而在于通过自下而上的底层革命,从根本上改造传统的精英统治的结构。其主要内容是以农民为主体,以土地革命为核心。③ "土改"对社会资源尤其是土地资源进行了新一轮的重新分配,从而千百年来实际控制乡村的统治权第一次集中到

① 佛冈县地方志编纂委员会:《佛冈县志》,中华书局 1991 年版,第 38 页。

② 〔美〕塞缪尔·P. 亨廷顿:《变化社会中的政治秩序》,王冠华等,生活·读书·新知三联书店 1989 年版,第 401 页。

③ 徐勇:《现代国家建构与村民自治的成长——对中国村民自治发生和发展的一种阐释》,《学习与探索》2006 年第 6 期。

正式的国家政权组织体系中来，并增强了农民对政治组织的认同。[①]
"土改"过程中，原本在乡村自治中发挥重要作用的士绅阶层退出
历史舞台。

　　新中国成立伊始，新的领导力量就开始逐步替代传统的乡绅阶
层走向乡村政治舞台，原本处于社会底层的贫苦人家中的优秀成员
在新的基层组织中取得领导地位。当然，出身好成为他们在农村政
治舞台上施展拳脚的最大政治资源。与云台临近的炉洞村陆光林就
是新政治力量中的一员。

　　"1950 年 4 月我当民兵分队长、村小组长，同时还担任治
安组长、双退组长、护税组长、优抚组长（代耕组）和龙潭中
心学校基金管理委员。

　　1951 年 11 月，在陂角召开农民代表会议，选举里水农民
协会，大会选出农民协会主席陈冬兰，副主席陈应玉、吴东
水、黄广记，支书黄光柱。当时我因为闹情绪，未参加会议，
但大会选我为委员、青年委员、治安委员和优抚委员。

　　1952 年 10 月 30 日，在福头坝搭的大档，召开农民代表会
议，用点豆子的方法，选举农民协会、乡政委员会，选出农民
协会 9 人，主席陈应玉，副主席陈冬兰、吴东水和黄光记。乡
政委员会 9 人，乡长陆光林，副乡长陈二招和华连暖。"

　　陆光林先生回忆录中屡次提到的吴东水便是云台人，原本是村
中贫苦家庭的孩子，中华人民共和国成立后也是迅速成长为里水基
层政权中的核心领导。

　　吴东水（1928—2001），土改干部，1950 年村小组长，

　　① 徐勇：《现代国家建构与村民自治的成长——对中国村民自治发生和发展的一种阐释》，
《学习与探索》2006 年第 6 期。

1951 年里水农民协会副主席,1957—1958 年任龙潭乡长,1961—1964 年任龙南公社副社长,1980—1983 年任汤塘公社管理委员会副主任,1984 年底退休。[①]

当然,新时期云台村成长起来的新的权力阶层并不只是吴东水一人,而是一批人,这一点从 1966 年的一份党员名册中也可以看出。

表3—1　　　　　　　　1966 年龙南公社(云台村)党员情况[②]

姓名	年龄	家庭出身	文化程度	入党时间	现任职务
吴绍针	28	贫农	高小	1956	交通员
吴德锦	37	贫农	高小	1954	支部书记
吴绍光	37	贫农	初小	1953	支委队长
吴德安	37	贫农	高小	1954	队长

从表3—1 中可以看到,从土改时期开始,云台村就有很多人开始参与基层工作,他们成了乡村社会新的领导阶级。当然,任何一个基层组织的人员在进入里水乡之前都首先是云台村各项工作的积极分子与领导者,正是因为他们在自然村层面脱颖而出,才最终进入更高层面的基层组织之中,有的甚至走上了更大的政治舞台,成为公社的主要领导。当然,新的村庄权力阶层的崛起是以旧的乡绅阶层退出历史舞台为基础的,或者说二者在时间上是同步的,新的村庄权力阶层正是在对旧阶层的斗争中逐步成长并最终掌握乡村社会权力的。

"1951 年土改工作队进村,访贫,问苦,扎根串联,发动

---

① 佛冈县史志办公室:《关于"美丽云台"历史文化的调查报告》,2013 年 6 月。

② 资料由佛冈县档案局档案材料整理。

群众，教唱歌，激发阶级感情，提高阶级觉悟。"

"穷佬夫，真辛苦，一生一世未着过好衫裤。地主穿绸又着缎，我的衫烂烂到没得补，烂到没得补，咿呀嘿。穷佬夫真悲，一生一世未吃过好白米，地主餐餐猪肉又剁鸡，我的餐餐番薯芋头子，番薯芋头子，咿呀嘿。"

"谁养活谁呀，大家来看一看，没有咱劳动粮食不会往外钻，耕种锄割，全是我们下力干，五更起，半夜眠，一粒粮食一滴汗，地主不劳动粮食堆成山。谁养活谁呀，大家来瞧一瞧，没有咱劳动，棉花怎能结出桃，纺纱织布，没有咱们做不了，新衣服，大棉袄，全是我们血汗造，地主不劳动，新衣穿成套。……"①

正是通过这种诉苦的过程，激发了贫雇农阶级对地主阶级的阶级仇恨，进而推动整个土地改革。当然，在实际斗争中，也是需要很多操作层面上的技巧的。

表3—2　　　　　　　　　里水乡划定阶级情况

阶级成分	户数（户）	人数（人）	阶级成分	户数（户）	人数（人）
雇农	54	144	贫农	381	1411
中农	141	679	工人	2	7
富农	23	120	地主	16	226
恶霸富农	5	63	土地出租者	5	7
债利生活者	2	6	游民	2	2
迷信职业者	2	2	小商贩	7	28
小手工业者	2	6	贫民	9	24
合计	651 户，2725 人				

---

① 陆光林个人口述资料:《坎坷一生——我的回忆录》。

就云台村而言,村内并没有地主,而只有一户恶霸富农吴金玉。吴金玉的父亲吴邦基民国末年就是整个云台村的管事人,民国十五年(1926年)刘黄大械斗中云台村的灾难因他而起,民国三十六年(1947年)的围绕祖尝的诉讼也是因他而起。土改过程中,吴金玉被划为恶霸富农,最重要的不是家产多,而是他们长时间横强乡里、欺压族人。当然,就云台村而言,吴金玉的家产也算是较多的。

总之,在土改过程中,村庄的权力阶层发生了根本性的改变,传统乡绅自此退出了历史舞台。新的权力阶层更多的是政治上的新星,而不再是经济上的主导者,他们与传统乡绅已经有了本质的不同。

2. 共有经济消逝

土地改革过程中,整个农村以土地私有为根基的土地制度并没有发生根本性的变革,变化的是农村土地在各阶级中的占有情况。但必须同时注意到的是,在传统宗族村自治中发挥着重要作用的公田这一共有经济形式却自此退出了历史舞台,自然村自治也就失去了多层次、多样化的自治资源。这一点从土改前后农村各阶级的土地占有情况中可以有一个较为清晰的呈现。

表3—3　　　　佛冈县土改前后农村各阶级人口、耕地统计①　　　(单位:亩)

项目		地主	富农	土地出租	中农	贫农	雇农	公田	其他	合计
户	户数(户)	1312	786	287	6360	12483	2207	—	3230	26665
	占比(%)	4.9	2.9	1.1	24	46.8	8.3	—	12.0	100

① 表格来自《佛冈县志》,但《佛冈县志》中关于土改前各阶级耕地占有情况与佛冈档案局档案材料有较大出入,基于里水乡等数据材料的对比,本书倾向于采信佛冈档案局的档案材料,所以本表中土改前耕地占有情况的数据来自档案局档案材料,而不是《佛冈县志》相关材料。

续表

项目		地主	富农	土地出租	中农	贫农	雇农	公田	其他	合计
人口	人口（人）	3313	4964	803	23044	51361	5165	—	19142	107792
	占比（%）	3.1	4.6	0.7	21.4	47.6	4.8	—	17.8	100.0
土改前	耕地（万亩）	2.21	0.43	0.11	1.99	1.52	0.03	6.21	0.12	12.62
	占比（%）	17.5	3.4	0.9	15.8	12.0	0.2	49.2	1.0	100
土改后	耕地（万亩）	0.89	0.63	0.10	3.55	6.20	0.63	—	0.66	12.66
	占比（%）	7.03	4.98	0.79	28.04	48.97	4.98	—	5.21	100

注：土地出租是指小土地出租者；公田是公尝、庙会的土地，主要由地主掌握。

　　从里水乡的情况来看，也呈现出同样的趋势。土地改革在重新调整各阶级间土地占有的同时，也将公田分配到了各家各户，公田这一共有经济形式自此不复存在。

表3—4　　　　　　里水乡土改前农村各阶级占有土地统计

阶层	数目（亩）	占比（%）
雇农	18.6	0.4
贫农	401.8	8.9
中农	580.3	12.9
富农	198.9	4.4
地主	1828.8	40.5
公田	1449.4	32.1
其他	34.0	0.8
合计	4511.8	100

表3—5　　　　　　　　　里水乡分田分地情况

村名	人口（人）	水田（石）①	旱地（石）
陂角	116	49	4
里冈	305	89	3

---

　　①　石为面积单位，用以计量土地，其具体数量各地不一，有以十亩为一石，也有以一亩为一石。里水土改时十亩为一石。

村名	人口(人)	水田(石)	旱地(石)
福头	310	87	9
炉洞	183	83	5
云台	141	54	0
咸水	174	71	0
合计	1229	433	21

从云台村的情况来看,1949 年以前村中的公田就已经较少,发挥的作用也越来越小。但不可否认的是,直到民国末年,公田在凝聚族人、接济族人、支撑自治等方面依旧发挥着不可忽视的作用。新时期公田等共有经济形式的消失让自然村自治资源出现了新的危机,自治失去了坚实的物质基础。

当然,共有经济的消失并不意味着乡村社会中宗族性的消逝,革命斗争中培养起来的阶级感情也并没有完全超越传统的宗族伦理,小共同体依旧发挥着作用。在土地改革过程中进行大生产运动的时候,云台村相邻的铺岑村和石脚下村的村民就因为木𪩘坡头的用水发生纠纷。

> 两村的民兵打起来了,我们和区委也制止不了,区委、法院和土改复查工作队等在铺墩子禾塘驻扎七天七夜,大家无水冲凉,做铺头群众工作。后来,县武装大队来到石脚下,控制了石脚下民兵,捉了铺岑村四五个人才算平息。[1]

(二) 高级社中自治遭挤压

1953 年土地改革基本完成之后,农村社会又迅速地卷入了合作化运动之中。1951 年 12 月,中共中央公布《关于农业生产互助合

---

[1] 陆光林个人口述资料:《坎坷一生——我的回忆录》。

作的决议（草案）》，要求根据实际情况，大力发展具有社会主义萌芽性质的互助组。① 当然，发展互助组也是发展生产力的现实需要，当时的生产力现状要求生产关系的调整。

> 分田地、分山林、分房屋、分耕牛、分农具等，分配原则是满足贫农、照顾中农、征收富农、没收地主的政策。具体说，按照一人一户分两份、两人一户分三份、三人以上每人一份。我家两人分三份，分得水田 8 亩，鱼塘一口一亩，耕牛二分之一，山林松山三份，杂树山一份，房屋一间，二分之一大厅，南边厨房二分之一，禾坪三分之一，禾廖三分之一，耙二分之一。②

从以上单个农户在土改中分得的生产资料就可以看出，土改后个体农户的生产工具严重不足，土地也较为分散，互助经营、合作经营是发展的需要。然而在较短的时间内，互助组到初级社，初级社到高级社，合作化运动迅速地推进。高级社最大的特点就是改变了农村的土地制度和分配制度，实现了从新民主主义到社会主义的过渡。

1. 农村土地公有

整个传统中国乡土社会，土地产权都是以私有为主体的，私有制是最为根本的土地所有制度。土地改革过程中，土地私有这一根本属性并未发生改变，改变的只是土地在各阶级之间的占有情况。在农业合作化的进程中，互助组与初级社也只是生产上的合作，而土地等生产资料还是归个体农户所有。初级社到高级社则是整个土地制度与经济制度的变革，农村土地制度由私有变为公有，小农经济也开始走向了集体经济。当然，在由初级社向高级社、由土地分

---

① 佛冈县地方志编纂委员会:《佛冈县志》，中华书局 1991 年版，第 227 页。
② 陆光林个人口述资料:《坎坷一生——我的回忆录》。

红到按劳分配的过程中，也充满了争论，甚至是斗争。分歧的根源在彭真同志的论述中有具体的论述。

> 土地改革只是没收了地主土地，征收了富农出租的土地，对中农的土地没有动，不是所有土地都拿来平分。实行这个政策，土改之后中农的土地比贫农的土地多。土地不分红，等于贫农和中农又平分了一次土地，贫农就沾了中农的光。即使都是贫农，土地一样多，劳动力有强有弱，技术有好有差，如果土地不分红，劳动力少的、弱的，没有劳动力的，就吃了亏。总之，土地不分红，中农吃亏，劳动力弱的吃亏，贫农和劳动力多的会占点便宜。现在把土地不分红当作一个普遍的政策，不问当地的实际情况如何一律来推行是不行的。[①]

从中不难发现，彭真同志对于初级社向高级社转化过程中的问题有着清醒的认识，他甚至提出"经济利益是根本利益"。更为重要的是，彭真同志对于农民的私有观念也有很清醒的认识，对于保护少数人的利益有着明智的思量。

> 如果一个社多数人赞成土地不分红，只有少数人不赞成，怎么办？按民主集中制的原则，当然少数服从多数。但是，问题并不这么简单。贫农和中农是兄弟，贫农就是占百分之七十，也没有权利剥夺那百分之三十的中农的利益。入社是自愿的，要使劳动力强的和有土地但劳动力少的弱的都不吃亏才行。[②]

---

① 彭真:《办好农业生产合作社》,《彭真文选 (一九四一到一九九零年)》,人民出版社1991年版,第278—279页。
② 彭真:《办好农业生产合作社》,《彭真文选 (一九四一到一九九零年)》,人民出版社1991年版,第279—283页。

　　理性的思考并未影响整个农业合作化运动摧枯拉朽的革命般的进程，到 1957 年，佛冈全县有高级社 205 个，入社农户 29546 户，占总农户的 95% 以上。[①] 在这个过程中，云台村自然也不例外。

　　　　"当时就是一切都要进社呀……不过那个时候大家还是有热情的，都是很愿意入社的。响应毛主席的号召，争取几年过上楼上楼下、电灯电话的生活。"[②]

2. 组织单元拓展

　　从初级社到高级社，在基本的土地制度发生根本性变革的同时，农村的组织规模发生了很大的变化，高级社超出了自然村的范畴，在更大范围内推进合作经济。当然，超出了自然村的范畴在很大程度上也就是超出了宗族的范畴。

　　　　"到高级社的时候就不是我们一个村了，我们整个里水片就是一个高级社。大家都在一起劳动，一起分配。"[③]
　　　　"那个时候就是那样的，社会主义都是一个大家庭嘛，不分彼此的。刚开始在一起也有意思，大家一起劳动，比着干，也是很有干劲的。只是后来，到人民公社的时候，大家就怠工了。"[④]

　　在农业合作化或者说集体化运动的初期，云台人并未表现出很大的不适，这当然也与当时持续不断的革命式运动的整体氛围有很大关系，高级社时期的"大跃进"就是将整个乡村社会的热情至少

[①]　佛冈县地方志编纂委员会:《佛冈县志》，中华书局 1991 年版，第 228 页。
[②]　访谈记录:DTC，GDJ，2015 年 4 月 24 日。
[③]　访谈记录:DTC，GDJ，2015 年 4 月 24 日。
[④]　访谈记录:DTC，GDJ，2015 年 4 月 24 日。

在表面上推向了高潮。

3. 社会自治式微

农村产权制度的变迁也导致了社会自治的萎缩。传统的乡村自治是在以土地私有为基础的乡土社会之中内生出来的,是围绕生产生活的需要而自发生长的社会自治体系。从初级社到高级社的发展过程中,个体经济发展为集体经济,个体农户的单独经营变为集体化生产,社会自治失去了自我发展的社会基础。

当然,在社会自治的基础发生重大变革的同时,自治的空间也发生了变化。国家权力不仅进入乡村社会,而且开始直接介入基本的农业生产。与此同时,国家从 1953 年开始对粮食等农产品实行"统购统销",进一步压缩了农村市场乃至整个农村社会自我发展的社会空间。① 与"统购统销"同时进行的就是"计划生产",《农业生产合作社章程草案》第四条规定:"合作社的生产计划和产品销售计划根据本身的条件,同时要适应国家的生产计划和收购计划。"② "为了保障粮食生产和粮食收购计划,不得不控制播种面积;为了维护集体生产,不得不控制劳动力;为了控制劳动力,又不得不限制各种家庭副业和自留经济,以至上升到'割资本主义尾巴',发展到学大寨的'大批判(资本主义)'开路。"③

与此同时,国家体制性力量参与组织也开始进入乡土社会,它们取代了传统社会内生的社会组织,在乡村社会中发挥了新的作用。

"1955 年,农村组织三大合作社,农业合作社、信用合作社、供销合作社。党员干部要带头参加三大合作社,我们区干

---

① 徐勇:《农产品的国家性建构及其成效》,《中共党史研究》2008 年第 1 期。
② 徐勇:《农产品的国家性建构及其成效》,《中共党史研究》2008 年第 1 期。
③ 杜润生:《杜润生自述:中国农村体制变革重大决策纪实》,人民出版社 2005 年版,第 43 页。

部第一批参加合作社，区政府宋学佳同志兼任供销社主任，我是县办社专职干部，专驻农业社，巩固农业社。"[1]

由此可见，这些组织并不是社会内生的，但带有很强的社会建构的色彩。

（三）公社制下他治达高峰

人民公社化运动则在实现生产资料由私有向公有变革的同时，在乡村社会全面建构起了"准军事化"的社会管理体制，即"政社合一"的人民公社体制，使农民社会前所未有地国家化了。人民公社体制在很大程度上打破了传统的乡村治理格局，以"半军事化"的管理替代了千百年来的乡村自治传统。人民公社体制对我国乡村社会的影响极为深远，即便是人民公社解体后，几经周折在全国范围内建立起来的"乡政村治"管理体制，在本质上也还是人民公社体制的顺延。直到今天，在农村基层的权力结构、组织体制和农民生产生活的细节处，仍不难看到公社的影子，公社是理解中国农村的一把钥匙。[2]

1958 年 12 月，县委发出《关于人民公社与各级组织名称问题的通知》，公社以下一律统称管理区，管理区以下统称生产队，由此形成了公社、管理区、生产大队、生产小队的组织架构。1959 年下半年，按照《关于人民公社管理体制的若干规定》整顿人民公社，贯彻三级所有、队为基础的管理体制，即公社、管理区、生产大队三级所有，以生产队为基本核算单位。[3] 不难看出，在人民公社初期也就是大公社时期，也有一个基层最佳治理单元的尝试与探

---

① 陆光林个人口述资料：《坎坷一生——我的回忆录》。

② 陈锡文：《〈告别理想：人民公社制度研究〉序》，《告别理想：人民公社制度研究》，上海人民出版社 2012 年版，第 1 页。

③ 佛冈县地方志编纂委员会：《佛冈县志》，中华书局 1991 年版，第 229 页。

索过程，共产主义理想中的"一大二公"最终还是向传统治理单元回归。即便是在公社统筹的时期，具体的农业生产经营也还是按照营、连、排或管理区、生产大队、生产小队的组织架构具体到社会最基层的。当然，这一时间段，超越了家户主义传统的集体体制并不符合基层农民的利益诉求，进而影响了基层的生产力发展。

当然，即便是在人民公社体制下，自然村自治的传统也并未完全消逝。在最基层的乡土社会，社会自治还是顽强地延续着。云台村现有村庄布局的规划，恰恰就是在人民公社时期。这一规划奠定了云台发展的基础，并为云台村在新时期抓住机遇、跨越发展种下了一颗希望的种子。

（四）改革开放后自治再兴

人民公社体制解体后，广大农村地区陷入了管理的"真空"。就在此时，发源于广西壮族自治区宜州市和寨村的村民自治引起了中央高层的重视，并最终成为农村社会管理的重要制度在全国推广。广东的村民自治发展路径与全国略有不同。很长一段时间内，广东在广州、深圳、珠海以外的地方普遍建立起的是管理区制度，也就是在原生产大队的基础上成立管理区办事处，将村民委员会下沉到自然村或几个自然村组成的原生产队。① 直至 1998 年，广东省才在全省范围内推行村民自治制度。具体过程如下：

> 1986 年，广东开始将原设在公社的区公所改设为乡镇，将原设在生产大队的小乡镇改为村民委员会。
> 1989 年，广东将村民委员会改为管理区办事处，作为乡镇政府的派出机构，同时把村民选举下沉到村民小组的层次，把村民小组改为村民委员会。

---

① 沈延生：《村政的兴衰与重建》，《战略与管理》1998 年第 6 期。

1998 年 6 月，广东决定撤销农村管理区办事处，设立村民委员会，在全省农村统一实行村民自治。

1999 年 1 月，广东全面开展撤销农村管理区办事处，设立村民委员会的工作。

广东的村民自治在经历了一个反复的过程之后，最终还是与全国保持一致，并以"高起点、高标准、高要求"领先全国的村民自治发展。但不可回避的是，村民自治的发展在短暂的"蜜月期"之后迅速地走向了行政化。

值得注意的是，就在建制村村民自治不断行政化的同时，在建制村以下的自然村与村民小组一级，更为草根的村民自治却以多样化的形式良性地运转着。云台村就延续着一种根植于华南乡土社会的"队委"自治。人民公社制度解体后，基于村庄日常事务的需要，一种脱胎于人民公社时期的生产小队管理委员会，但又与其完全不同的草根自治形态"队委"自治，成为云台最为主要的自治形式，也正是这种乡村社会自组织的产生推动了村民自治的精神回归。①

二　自然村内部自治

改革开放后一直到今天，自然村自治呈现出全新的社会形态与表现形式。虽然这期间也经历了由管理区制度向建制村自治的过渡，但对于自然村而言，作为派出机构的管理区办事处与行政化了的建制村村委会所带来的自治空间具有很大的同构性。而自改革开放以来，自然村所处的社会土壤、产权基础、自治规模也没有发生显著性变化。因此，对当下的自然村自治的形态进行全方位解读，

---

① 徐勇：《村民自治的成长：行政放权与社会发育》，《华中师范大学学报》（人文社会科学版）2005 年第 2 期。

也就是对村委会下移改革的社会基础进行深入探究,将在与传统宗族村自治形成对比的基础上助力对于这场改革的认知。

(一) 走向开放

在经历了近代百年尤其是新中国成立与改革开放之后,如今的云台村还基本保存着传统宗族社会的底色与特质。但与此同时,不可否认的是,云台宗族社会终究还是随着现代化进程而处于缓慢变迁之中,不再是那个完全处在农耕文明之中的封闭性宗族社会。现代化进程尤其是城镇化进程中人口的流动冲击着宗族社会的根基。宗族社会是由人组成的宗族社会,宗族文化是人传承的宗族文化,人是宗族社会最基础、最核心的元素,人的流动对于宗族社会的发展而言是一种釜底抽薪式的挑战与危害。如果个体可以脱离集体,那么集体的约束力也不会持久。换言之,社会流动性是变革的重要催化剂,因为它可以使人们脱嵌出来,摆脱各种各样的"祖荫"。[①]

1. 人口城镇化

云台村的流动首先表现为人口的外迁,此时的人口迁移与传统时期已经大不相同,此时的外迁多是城镇化进程中的对外迁移,他们或因当兵、或因读书、或因务工而走出了云台村,摆脱了农民身份。作为一个传统宗族型村落,云台村真正实现城镇化的人口相对还是较为有限的。

表 3—6　　　　新中国成立后云台村城镇化人口情况

城镇化途径	人员
当兵	吴绍松、吴绍潭、吴绍炳、吴德木、吴绍阳
读书	吴月明、吴绍顺、吴绍彦
务工	吴新金
其他	吴桂林、吴绍荣、吴建星

[①] 阎云翔:《中国社会的个体化》,上海译文出版社 2012 年版,第 332 页。

值得注意的是，当前的云台恰恰处于新一轮人口城镇化的历史节点。村庄"80后""90后"一代人开始进入婚育年龄，他们大多具有较高的文化水平，已经不再满足于父辈一样的忙时务农、闲时务工或者年轻务工、年老务农的两栖生活。他们在城市工作的同时也开始谋求在城市安家立业，真正融入了城镇化进程。在可以预见的时间段内，云台村城镇化人口数量将会有一个"井喷式"的增长。

其实，改革开放40多年，紧邻珠三角的云台人原本有更多实现城镇化的机会，只是很多已经在城镇化进程中迈出重要一步的村民最终还是铩羽而归。如吴林新一家老小20世纪90年代都已经到了广州，夫妻在朋友的临时屋经营小商店，父母在周边地区收废品，两个孩子也在广州读书。后来吴林新禁不住父亲回家盖房的劝说，婉拒了朋友借钱帮助买套商品房的建议，毅然回到了云台。

> "当时主要就是我老爸，他说你看村里人都盖楼房了，我们家却还是以前的旧房子，他可能是就觉得这样没面子。当然，他也是有落叶归根的想法，也不愿意在广州待。那时候我朋友的地方正好拆迁，他也劝我留下来。买房子钱不够的话他帮我，其实那时候留也就留下来了，你看我妹他们就是留在那里了。这个就是看你决心大不大了，我妹那时候就说，哥，我再也不想过农村的那种生活了。但是我就没经住我老爸的唠叨，想着那回来就回来吧。"①

2. 人口兼业化

相对于正式的人口迁移，云台村更大规模的是人口流动，也就是云台村村民的外出务工、求学等，对云台宗族社会冲击最大的也

---

① 访谈记录：DTC，GLX，2013年12月2日。

正是城镇化进程中的这种人口流动。当然,人口流动最直观的表现就是居民就业的多样化,云台人从传统的封闭性的农业生产走向了更大的区域范围、更广的行业领域,这从根本上冲击了宗族社会的农耕性、封闭性以及稳定性。

云台村现共有村民 290 人,在外务工人员 112 人,占比 38.62%。但是如果将 18 周岁以下村民与 60 岁以上村民排除在外,也就是说,在 18—60 岁的云台村主要劳动力中,外出务工人员占比 62.57%,这就意味着云台村进入劳动年龄的村民有六成以上的人在外工作。大量主要劳动力的外出也使村庄内部产生大量留守儿童、留守妇女、留守老人,产生了夫妻长期分居、孩子隔代抚养、老人没人照顾等问题。总之,村落不再是一个独立的生产生活共同体,村内的生活开始越来越多地受到外部世界的影响。

表 3—7　　　　　　　　　　云台村村民流动情况

职业情况	统计量	18—40 岁男	18—40 岁女	41—60 岁男	41—60 岁女	合计
在家赋闲	样本数	1	15	18	11	45
	占比(%)	1.92	32.61	43.90	27.50	25.14
在家散工	样本数	0	0	7	4	11
	占比(%)	0.00	0.00	17.07	10.00	6.15
县内工作	样本量	16	15	9	11	51
	占比(%)	30.77	32.61	21.96	27.50	28.49
省内工作	样本数	29	11	7	14	61
	占比(%)	55.77	23.91	17.07	35.00	34.08
在外读书	样本量	6	5	0	0	11
	占比(%)	11.54	10.87	0.00	0.00	6.15
合计	合计	52	46	41	40	179
	占比(%)	100	100	100	100	100

当然,即便是在村留守的村民,大多也已经不再从事单纯的农业生产,开始了市场经济中的多种经营。他们从事的行业各不相

同，但却有着共同的特点，那就是都更深地融入了社会化大市场，市场化、社会化程度有了很大的提高。

表3—8　　　　　　云台村商业、副业从业情况一览表

村民	行业	主营
吴新疆	商业	在龙南街开粮油店
吴林欣	商业、副业	在云台村开商店，承包鱼塘
吴国栋	商业	在云台村开商店
吴伟国	商业	在云台村开网吧
吴佰宁	商业、副业	在云台村加工河粉，养殖生猪
吴德甲	副业	在云台村搞成规模的家庭养殖
吴绍否	副业	在云台村从事捕蛇行当
吴武福	副业	在陂角村经营鱼塘

3. 人口多元化

在中国宗族发展史上，越往前，血缘的排他性越强。[1] 越往后，自然包容性越强。云台村在人口组成方面也呈现出这样的趋势。在现代化快速推进的今天，云台村由相对封闭的宗族逐步走向更加包容、更加开放的社会。如今的云台村，在保持了以血缘为内在纽带的宗族社会对于血缘的纯正性追求的同时又存在较大宽容度，这一现象带有一定的传承并走向了更加开放的状态。

表3—9　　　　　　云台吴氏非正统血脉人员情况

户主	人数	家族渊源
吴绍炳	3	吴绍炳及其妹当年乃是母亲带着从小潭黎家改嫁而来，吴绍炳及其儿子、孙女三人非吴氏血脉
吴绍焕	2	吴绍焕的二婚妻子从英德带两个儿子改嫁而来，吴绍焕的两个儿子非吴氏血脉

---

[1]　冯尔康、阎爱民：《中国宗族》，广东人民出版社1996年版，第6页。

户主	人数	家族渊源
吴润东	3	吴润东养父母无子,经人介绍将自小失去双亲的广西人吴润东认作儿子,吴润东及其两子女非吴氏血脉
吴绍甜	4	吴绍甜的老爷爷无子,买来了其爷爷作为儿子,吴绍甜及其儿子、两个孙女非吴氏血脉(备注:吴绍甜的父亲娶本村人吴绍带为妻,吴绍甜又娶本村人吴绍凤为妻,所以,严格意义上说又都属于吴氏血脉,此处暂且按乡村规矩只按男方论血统)
吴荣基	4	吴荣基与吴绍甜是兄弟,情况相同,吴荣基及其儿子、女儿、孙子非吴氏血脉
吴绍红	2	吴绍红妻子(越南)当年带着两个孩子被卖到云台,吴绍红的两个儿子非吴氏血脉
吴榕根	5	吴榕根当年跟随改嫁的母亲到云台,吴榕根及其儿子、女儿、孙女、孙子非吴氏血脉
吴丁贵	3	吴丁贵当初随改嫁的母亲到云台,吴丁贵及其两个儿子非吴氏血脉

(二)产权公有

与传统的封闭性小农经济不同的是,当前的云台经济既是一种带有现代国家建构印记的经济形态,又是一种快速融入市场的开放性经济形态。在新的经济形态下,一方面,虽然人民公社体制解体之后,人们的经济自由程度有了很大的提升,但是分田到户30年后的云台农民依旧没有完全摆脱集体经济形态的桎梏,在土地所有权集体所有的体制下,他们对于土地的权益依旧无法得到有效的保障。另一方面,市场经济下的社会化小农越来越深地被裹挟到市场经济之中,他们的生产、销售、收入等越来越深地受到了市场经济的影响。

1. 土地承包

改革开放后,与全国其他地区农村一样,云台村也分田到户,这在很大程度上解放了农村生产力。但是农村的根本制度还是集体经济制度，土地归集体所有。农村土地产权一分为二，村小组拥有土地所有权，农民拥有承包经营权。与全国很多地方"农村土地承包期15年不变""农村土地承包期30年不变""长期不变""永久不变"的制度变迁不同的是，云台村的土地一直坚持5年一调整的办法，每5年按照人口重新平均分配土地，这既是传统宗族共同体特质的传承，又是人民公社体制下集体主义思维的一种延续。相对于产出较高的水田，自留山的分配则是另一番景象。

> "山地没有人关心的。那个时候山地也是分了自留山的，自留山按人口分到户。我们1982年分了之后就再也没有分过，还是我姐姐她们没出嫁的时候就分了的，现在还没变。因为山地不值钱，没有人在乎的嘛，就是砍柴火，没别的用处。村集体的那个山也就荒在那里呀，直到前些年才种了些竹头，后来又承包了些好点的给村民种砂糖橘。"[①]

2. 土地负担

分田到户很大程度上解放了农村生产力，云台村村民的劳动热情与经济状况迅速提升。但是，分田到户的过程也是分任务与分负担到户，公粮按量分到经济社（村民小组），经济社再根据不同水田肥力与产出能力分到各家各户，或者说是将公粮任务分到了每一块水田上。据记载，2002年云台村村民小组粮食总产量60231.5千克，公粮任务总量为6422.5千克，每千克产量缴纳公粮0.1066302千克。由此，云台再根据每家每户每块土地的产出情况将公粮任务分到各家各户。在此，举两户人家缴纳公粮的计算方式，从两户人家的公粮缴纳情况可以看出，村内每家每户的水田十分分散，三四

---

① 访谈记录：DDC，GGX，2014年8月12日。

亩水田都被分为了七八块,而每一块水田的肥力是不一样的,这既是土地零碎化的原因,又是缴纳公粮的依据。

如上所述,云台人每年超过 1/10 的粮食要上缴国家。而问题的关键在于,当时农民的土地负担不只是公粮,还有统筹粮、余粮、农业税等。

表 3—10 **2002 年农民主要负担情况**

农民负担名目	农民负担缴纳方式
公粮	按粮食总产量缴纳,每千克总产量交 0.1066302 千克稻谷,无偿
统筹粮	按人口缴纳,每人缴纳 51 千克稻谷,无偿
余粮	按粮食总产量缴纳。有补偿,17 元每百斤,市场价大约 80 元每百斤
农业税	按粮食总产量缴纳,每千克总产量计款 0.0841865 元

从 2005 年开始,农业税逐步被取消,中国农民结束了千百年来的"皇粮国税",种田不再有任何的农业负担,而且国家开始发放粮食补贴、柴油补贴等农业补贴。但与此同时,也要看到的是,此时的农民已经不再是自给自足的传统小农,农民已经融入市场经济之中。在云台人看来,农业税的取消并不意味着农民负担的减轻,最直观的就是农药化肥价格的大幅提升。

3. 集体经济

改革开放之后,云台于 1982 年实行了分田到户。自此,云台开始实行家庭联产承包责任制,即统分结合的双层经营体制,村集体经济依旧保留有少量的公田、公山、公屋未分到户,这些就成为集体经济收入的重要来源。

云台公田此时称为留用田,是在分田到户的过程中将部分水田预留出来,每年以投标的方式在村内有偿发包,发包所得作为村集体经济收入。公山则是在自留山之外的山地,山地经营权与收益权也是归集体所有,公山的收入则主要来自山地之上的竹子等经济林收入，或者是像留用地一样针对村民发包。这两块收入组成了村里的集体经济收入。村里的两间公屋则是人民公社期间的遗产，原本是两个生产队的队屋。改革开放后，村里的一间公屋是提供给没有房屋的"五保户"免费居住，另一间则是作为村庄的开会场所。村里的水田是每5年就调整的，公田的大小也是经常变化。对此，当时的经济社社长吴北燕至今还记忆犹新。

"我那个时候是留了十多亩留用田的，但是后来又分田的时候，他们都嫌留得太多了，说集体留那么多干什么。不让多留就分了，后来就只留了八九亩了。直到你星叔干队长的时候也是这个数呀。"①

2003年，村里将十多亩水田与周边山地共计五十多亩整体租给了广州商人，村里由此每年可以多两三千元的集体经济收入。几乎与此同时，随着砂糖橘种植的兴起，山地的价值也逐步提升，村集体将部分适合发展经济作物的公山发包给村民，租期也是20年。如此一来，村里又多了一笔微薄但却重要的收入。到新农村建设前，云台村的集体经济收入主要由三部分组成：一是广州商人的土地租金；二是村庄公山与旱地的发包租金；三就是村庄几个鱼塘每年的租金。

表3—11　　　　云台村 2012 年集体经济收入一览表

序号	项目	金额（元）	序号	项目	金额（元）
1	山坳租金	2060	11	吴谷钱旱地租金	50
2	温氏猪场	170	12	吴海南旱地租金	150
3	吴松木山地租金	85	13	吴金锐旱地租金	20

① 访谈记录：DTC，GBY，2015 年 5 月 2 日。

续表

序号	项目	金额（元）	序号	项目	金额（元）
4	吴庙其山地租金	460	14	吴志流旱地租金	10
5	吴榕根山地租金	50	15	吴德甲旱地租金	20
6	付宏军山地租金	700	16	黄昌娇旱地租金	10
7	吴银花山地租金	120	17	吴绍否旱地租金	10
8	吴润球山地租金	250	18	吴武福鱼塘租金	50
9	吴文通山地租金	200	19	吴林欣鱼塘租金	500
10	吴北燕山地租金	30	20	吴谷钱旱地租金	50
合计（元）			4995 元		

集体经济的式微显然很大程度上影响了村干部的行动能力，重塑着乡村社会新的权力结构。正如阎云翔教授所说，导致村庄权力关系变迁的诸动力中，至为关键的是非集体化以及群众专政的终止。集体化是关键性机制，干部借此垄断了所有的经济、社会以及政治资源，从而控制了村民的生活。这两个因素在改革以前遍布中国的农村并在改革之后逐步地消亡。[①]

（三）事务多元

新的历史时期，随着现代国家建构过程中政权下乡、政党下乡、行政下乡、服务下乡的不断推进，大量的公共事务由政府承担，需要以自治形式解决的事务在整个乡村公共事务中所占比重不断降低。因为各种因素的限制，当前建制村以下社会内生的村民自治较多地存在于宗族信仰领域，如何将宗族信仰领域的自治延伸到村庄其他公共事务领域，也成为新时期乡村建设的重要课题之一。

---

① 阎云翔:《中国社会的个体化》，上海译文出版社 2012 年版，第 11 页。

1. 经济事务

新时期村庄集体经济收入单一且微薄，但对有限的集体经济的管理依旧是自然村自治的重要内容，这些集体经济收入也是自然村自治的重要物质保障。

> "村里面队长、副队长每年就 600 块钱。然后就是有时候帮村委会填合作医疗、养老保险的表格什么的，有几十块钱的收入。这些钱都是年底的时候村委会开单子，然后回来到生产队报销。反正我们队还有点钱，有的生产队一分钱都没有的，也就没得报了。"①

> "以前你北燕叔干的时候，到村委会开会中午吃个饭，也要每年到生产队拿钱的。要不就是在村委会吃饭记账，年底到生产队开钱。要不就不吃饭，但是也会补贴二十块钱作为饭钱，反正这些钱一年也有几百块，也都是生产队出的。到了我做队长，到村委会吃饭就不用花钱了，村里面出这个饭钱。"②

> "其他的，村里每年最大的开销就是垃圾池和公共厕所的清理。以前没搞新农村之前，我们村有三个垃圾池的嘛，那时候我们每过一段时间就要雇人清理。村里的那个公共厕所也要一年清理一次，找人来抽。反正一年的收支基本上是差不多的，也剩不下多少。做其他的工程也做不了，每年都是这样。后来搞新农村建设，垃圾都是管委会那边负责，我们也就省了这笔开支了。"③

云台村集体经济收入有限，对公共设施及公共事业的投入能力就有限。尤其是一些大的基础设施，根本无力承担。也正是因为这

---

① 访谈记录：DTC，GGX，2013 年 11 月 16 日。
② 访谈记录：DTC，GGX，2013 年 11 月 16 日。
③ 访谈记录：DTC，GGX，2013 年 11 月 16 日。

个原因，村里的祠堂至今还是两重，而不是一般规格的三重，这也是云台人非常在意的。祠堂尚无力扩建，其他诸如文化石、篮球场等设施更是没有办法了。

> "祠堂都是三重的，只有庙才是两重的。我们建的那个时候没有钱，就只能先建两重，想等后面有钱了再建第三重。你没看我们在前面已经留出了地方了。就是现在村里也还是没钱，不好建。"①

2. 宗族事务

20 世纪 80 年代，云台村成立了吴氏祖祠重修经理会，全权负责整个祠堂的重修事宜。新祠堂的修建对于当时的云台村而言是一项十分浩大的工程，尤其是在筹资方面面临着较大的压力。祠堂捐资并不只局限于云台村村民，而是扩展到了整个吴氏族人。

> "那个时候搬到其他地方的我们的那些吴姓人也都是捐了钱的，我们都是有联系的。那这里是我们共同的老祖宗嘛，他们当然也会捐钱过来。清新的那里人比较多，还有英德的、韶关的，都是回来捐了钱的。"②

表 3—12　　　　　云台吴氏祖祠重修经理会成员情况

姓名	现况	曾任职务
吴绍廷	已过世	曾任生产队队长，村内赤脚医生
吴绍明	61 岁	曾任大队治安主任、团委书记以及生产队队长
吴绍均	已过世	村民

---

① 访谈记录：DTC，GGX，2013 年 11 月 16 日。
② 访谈记录：DTC，GSM，2014 年 5 月 9 日。

续表

姓名	现况	曾任职务
吴德洲	已过世	村民
吴德石	已过世	曾任生产队队长
吴德安	已过世	曾任生产队队长
吴德柱	已过世	村民

　　祠堂重建是村庄自治能力的重要体现，祠堂的日常维护中则存在着更为草根、更为有效的微观自治机制，这些机制虽然细微，但却有着强劲的生命力，并发挥了重要的作用。云台吴氏祠堂每日都会有族人轮流上香，上香不只是祠堂一处，还包括了村中几处重要的坛社，上香之人还要负责祠堂卫生的基本维护。即便是这样一件小事，村里也有一套已经实行了几十年的微机制。在村子里，有一块长方形的白色铁牌，上面写了长期在家居住的各家各户的名字，这个名字的次序就是全村农户祠堂上香的次序。每家每户的门口都会在墙上钉一颗钉子，每天下午，已经上过香的人家就会按照铁牌上的次序将牌子挂到下一家的门前，被挂牌子的人家就会在第二天上午去祠堂上香，依此类推，风雨无阻。当然，村里偶尔也有糊涂之人，吴国星就闹过一次笑话：

　　　　"那几天真的是忙得要命，在后面拆杂物房，也就没注意已经轮到我了。后来吴容基就站在路上嘲笑我，说看见那个牌子在我那里都挂了好几天了，也没见我去上香。我只能笑喽，能有啥办法。"[①]

　　祠堂每年的节庆事宜也是自然村自治的重要内容。大年三十拜

---

① 访谈记录：DTC，GGX，2014 年 3 月 2 日。

祠堂、大年初一闹祠堂自不必多说。在云台村，每年的大年初二，还会有一次不固定的祠堂烟花表演，烟花爆竹的花费都是大家自愿凑的，甚至多数是临时性的行为。

> "每年都是初一的下午，大家凑在一起，有一个起个头，大家就会凑钱的。去年就是开商店的那个，说我出六百的话他也就出六百，结果我们俩就都出了六百块。那其他的人也都凑钱，最后一共凑了六千多吧。初二我们就去县城买烟花，晚上就在祠堂那里放。"①

2014年春节，云台人没有延续传统继续燃放烟花，他们的理由既带有乡土社会的逻辑与精明，又似乎暗含着自治与他治之间某种隐性的关联。

在宗族性事务中，清明拜山也仍旧是村中重要的自治事务。如今的清明拜山与传统时期既有相似之处，又有较大的不同。相同的是拜山仍旧是分层的，各房各支按照宗族分支而祭拜各自的先人；不同的是，由于公田不复存在，此时的拜山或是自带祭品，或是筹钱共买。云台村每年的清明拜山，并不只是一天，而是要持续几天。

表3—13　　　　　　　吴国星家族2015年清明节拜山情况

时间	祭拜坟墓	聚餐情况
4月5日上午	祭拜始祖吴明汉、二世祖吴成邱以及四大家族的部分墓地	中午在吴国星家聚餐，吴国星祖父之后代吃清明节特色小吃，共16人
4月5日下午	祭拜吴国星祖父吴邦珍夫妇及其后人	傍晚在吴国星家聚餐，吴国星祖父之后代聚餐，共16人

---

① 访谈记录：DTC，GGX，2014年2月9日。

时间	祭拜坟墓	聚餐情况
4 月 11 日	祭拜吴国星十世祖举超公以下各房支共同祖先	傍晚在村里聚餐,每人均摊 11 元钱买菜,共 50 人左右
4 月 12 日	祭拜吴国星八世祖文发公以下各房支共同祖先	晚上四大家族聚餐,每人均摊 10 元买菜。四大家族现共 120 人左右
4 月 18 日	祭拜吴国星三世祖以兴公	带着米酒、烧肉、花生等吃食在墓前聚餐,每人均摊 5 元钱。吴以兴后人共 200 多人

　　显然,云台清明节拜祭中有不同人数、不同级别、不同形式的聚餐,有的是回村里吃饭喝酒,有的是在祖先墓地吃零食、喝米酒,形式各不相同,但都是一种祭拜祖先、凝聚族人的聚会。拜山的过程实际上既是凝聚族人、提升宗族认同的过程,又是明晰房支、分清亲疏的过程。清明节对于在世之人在精神与文化上的意义是不可估量的,清明节拜山甚至比春节拜祠堂更具意义。2015 年,为了方便来年拜山,四大家族还打破以前先花费后凑钱的方式,成立了拜山捐款基金会,提前筹款 1780 元,为第二年拜山作准备。

表 3—14　　　　　　　四大家族 2015 年拜山开支情况

物品	开支(元)	菜品	开支(元)
蜡烛	18	猪肉	110
元宝	5	青菜	55
白纸	10	马铃薯	35
衣纸	18	鸭子	240
香	15	烧肉	40

续表

物品	开支（元）	菜品	开支（元）
纸钱	22	豆腐	32
炮仗	593	酒水	100
文化室使用费	100	米	55
合计（元）		1448 元	

表 3—15　　　　　　　　2015 年四大家族拜山捐款（基金会）

姓名	金额（元）	姓名	金额（元）
吴细镰	100	吴桂林	100
吴德甲	30	吴月明	100
吴庙基	100	吴绍荣	100
吴庙强	100	吴志流	100
吴金水	100	吴佰宁	50
吴新疆	100	吴庙其	100
吴林新	100	吴社榕	100
吴坚强	100	吴德威	100
吴思潘	100	吴国星	100
吴润东	100		
合计（元）		1780	

　　与祖先信仰相近的是民间信仰，如今云台村的民间信仰事务主要集中于对周围几个庙宇的祭拜以及每年春、秋两季的祈福活动，祈福活动又是以龙潭古庙理事会为主要组织者，因而，庙宇的祭拜与祈福活动又是紧密相连的。龙潭古庙的理事会成员，或是周围村庄的村民小组组长，或是村中信奉神仙之人。云台村中的龙潭古庙理事会理事是吴绍志的爱人，也是村里唯一的"神婆"。

理事会是一个松散的自治组织，日常并没有什么活动，只是春、秋两季的祈福活动要启动的时候，理事会的自治机制才会激活。理事会最主要的任务自然是在各个村庄筹集祈福活动的资金，每家每户至少两元，多则不限，普通人家捐款后会得到一张福符，祈福当天可以自行到龙潭古庙上香。捐资多者则会被邀请去参加宴席，并且理事会会组织人员举着彩旗、耍着狮头、敲锣打鼓地将象征荣耀的凭证送到家里，以示功德。祈福当天，会有很多舞狮队到场庆贺，还会有县城的表演队前来助阵，龙潭古庙人来人往、络绎不绝。

其他两个寺庙也有香火，但没有龙潭古庙兴盛。每个庙宇都有自己的理事会，都有自己的一套运行机制。3个寺庙之间也有相互之间的往来，新庙修建过程中，新庙理事会甚至向龙潭古庙理事会借了一万多元钱，后来在信众的香火钱中归还。当然，由于3个寺庙彼此相邻，影响范围也是重叠的，也就存在一些彼此的不便利。

> "我那时候就建议过，三个庙等分一下范围。现在每年你也收一次钱、他也收一次钱，那很多村民都是会有意见的。就应该三个庙大致划分一下，龙南反正就这么大，你这庙就收这几个村的，他那个庙就收那几个村的，这样大家彼此也就不冲突了，也就都有香火钱了。"①

3. 公共事务

新时期政府对农村的投入逐步加大，很多原本由农村自主负责的公共事务开始得到政府自上而下的财政支持。但是整体来看，政府对农村的公共服务供给还是十分有限的。村庄的很多公共事务还

---

① 访谈记录：SPC，LBT，2014年5月12日。

是要以村民自治的形式来解决。

在云台村,近年来最为重要的就是村庄连接 252 省道的两条"村村通"公路的修建。国家推进"村村通"工程,由政府补贴水泥,村民负责砂石等建筑材料的筹集以及水泥路的施工。云台村当时集体经济薄弱,只能是多方筹集资金。一是在全村筹款,甚至筹款范围扩大到了在外村、外县居住的吴氏族人;二是鼓励村民捐款,在云台村口,至今还竖立着当年修路捐款的芳名碑;三是将村庄自留地发包 20 年,承包农户一次性缴纳 20 年的租金;四是将村庄的几块宅基地向户口已经外迁的族人进行拍卖。经过几个方面的资金筹集,云台村终于完成了资金的筹集工作。当然,两条乡村公路都能得到政府的补贴也得益于当时的村民小组组长吴国星的积极活动,正是得益于政府补贴资金的撬动,村民才积极地筹资筹劳,顺利地完成了两条乡村公路的修建。

云台村村道建设捐资芳名录

(捐资造路恩泽黎民千秋颂,行善积德福惠百姓万古传)

吴月明　1000 元　吴庙基　100 元　吴坚鹏　100 元　刘顺带　100 元　吴金锐　50 元

吴桂林　1000 元　吴国平　100 元　吴继平　100 元　刘志伟　100 元　吴显文　50 元

吴绍荣　1000 元　吴绍庚　100 元　吴绍甜　100 元　刘志辉　100 元　吴荣记　50 元

吴新金　500 元　吴桂财　100 元　吴绍凤　100 元　付宏财　100 元　吴伟国　50 元

……

同样的基础设施建设方式在村庄巷道建设中也得到了很好的运用。当时也是政府进行一定的补贴,其他部分由村庄负责。云台村也是发动群众以每条巷道为单位，沿着巷道的农户联合起来，筹资筹劳，将所有的纵向的巷道进行了硬底化，极大地方便了群众的出行。

> "当时政府只提供水泥，砂石、人工什么的就要自己村里出。那没办法呀，村里面又没有钱。那时候是我跟吴志流干队长，我们就商量着把留用地一次性发包二十年，承包费必须一次性交清。还把村里几块宅基地在村子内部拍卖，吴桂林弟兄三个的宅基地就是那个时候拍到的。就这样东凑西挪的，修了那两条路。后来国家又发水泥搞街道，那就是谁家挨着就凑钱买材料，又将村里面的街道铺了水泥。"[1]

村民自治解决的公共事务还体现在村内的社会救助方面，村民郑细妹 10 多年前因车祸导致瘫痪，一年后丈夫也因车祸过世，留下了两女一男，男孩后来还读了大学。如此，整个家庭陷入了极为困难的境地。面对如此横祸，首先站出来的是小家族的兄弟。郑细妹老公的两个弟弟主动承担起这个家庭的活计，两个弟媳也是细心地照料着嫂子的饮食起居。尤其是吴木林，在自家有 5 个孩子需要养活的情况下，辞去了工资较高的装修工作，回到佛冈务工，以便对上照料年迈父母，对下照料大嫂一家。当然，在这种危难之时，全村人也伸出了援助之手。整个云台村掀起一次捐款热潮，共捐款8000 多元，其中 5000 元是救助郑细妹一家的，其他的作为专款用于救助再有家庭变故的农户。

> "当时全村人都捐了款的，我们村那个五保户刘顺带都捐了一块钱。一块钱不多，但这是份心意呀，人家本身就是个五

---

① 访谈记录：DTC，GGX，2013 年 8 月 8 日。

保户，又那么大年纪了，还能积极捐款，的确已经是很难得的了。"①

4. 行政事务

云台村的自治事务中，还有一项较为特殊的，那就是延伸到村的政府行政事务。延伸到村的政府行政事务往往会以一种较为巧妙的方式转化为村庄自治事务，主要由村民小组组长负责完成。

> "里水那里什么活都是我们替他们干的……平时那些填表什么的，不都是我们去做的吗？新农保、合作医疗那些材料，都是我一家一户去跑的。"
>
> "反正每次合作医疗什么的，就是谁干发给谁五十块钱，五十块钱你得跑好几天，谁愿意干呀？钱也不是大队给，每次他们就是开单子，然后我们回我们自己队支。就是年底跟我们队长那六百块钱一块的。"②

本应由政府行政人员负责的政府行政事务不仅下移到了行政村村委会，最终还是由更基层的村民小组组长负责完成。而且行政事务所需费用也不是由政府财政负担，而是转移到了村小组集体经济之上。而对于云台村而言，自上而下不断延伸的行政事务也已经转化为自治的一部分，行政与自治的边界更为模糊，行政已然开始进入自然村与村民小组层面的村民自治。

对于村民自治基本内涵的探究还应看到自治的限度，那就是在充分发挥自治的重要作用的同时，政府要承担起在农村公共事务中本应承担起的责任，不应将一些本由政府承担的事务强压给自治组织。比如当时不承担农村义务教育的全部责任，只能说是财政困难

---

① 访谈记录：DTC，GSF，2014 年 4 月 12 日。
② 访谈记录：DTC，GGX，2013 年 5 月 22 日。

所导致的一种严重失职，而不能美化成为农民当家作主的"一项重大改革"①。

（四）队委治村

人民公社解体后，乡村社会逐步建立起了"乡政村治"体制，在建制村一级实施村民自治。云台村作为一个自然村，成为建制村下辖的一个村民小组，正式的村干部只有村民小组组长与副组长两个人。村民小组组长与副组长既是正式的体制性权力在最基层的延伸，又是村落自治的领导者。政府下沉进村的事务主要就是由村民小组组长、副组长完成，云台日常自治事务则是由两个人领导的"队委"领导开展。所谓的"队委"，就是沿用了人民公社期间生产小队组织架构名称的草根自治组织，"队委"成员除了村民小组组长之外，还有村庄之前的老队长、村庄能人等，人员大致稳定但并不固定，每次商议公共事务的人数也根据事务的性质及人员的空闲而变化。

"队委"的设置并非体制内行为，甚至严格意义上说也并不是村民自治制度体系内的一部分。"队委"是在沿袭人民公社时期生产小队的管理组织名称的基础上，基层群众为解决好村民小组内的自我管理、自我服务、自我发展而自发组成的草根自治组织，与人民公社时期的"队委"有着本质的区别。近年来村庄打工经济兴起之后，"队委"成员的流动性与变化性也更大。"队委"自治没有成文的规章制度，没有固定的运行机制，没有完备的议事规则，没有系统的文字记录。"队委"自治主要是根据村里公共事务的大小，由村民小组组长召集大家到公屋开会讨论，形成统一的意见后由村民小组组长、副组长负责实施。"队委"自治的可贵之处就在于其运行的非行政化。"队委"自治主要是解决村民小组内部的公共事

---

① 沈延生：《村政的兴衰与重建》，《战略与管理》1998 年第 6 期。

务,一般不涉及政府行政事务。"队委"成员也主要靠公益心进行自治活动,人员无工资,干活无补贴,运行无经费。"队委"作为一种草根性自治形式,其内部的运行甚至还会借助一些乡土味十足的方式方法。

(五) 村规式微

自治资源是自治得以健康运行的重要载体与支撑,与传统时期存在大量公山、公田以及较为系统化的族规不同的是,新时期的云台村的自治资源相对匮乏,已经很难满足自治良性运转的需要。人民公社解体之后的云台村实行的是以家庭联产承包经营为基础的双层经营体制,村庄的整体经济形态还是集体经济,土地、宅基地等农村土地产权的所有权归集体所有。最为重要的是,云台村已经没有了在整个宗族以及宗族内各房各支广泛分布的公田,村民自治也就失去了最坚实的经济支撑。但是在整个自然村与村民小组的层面,却还保留了一定的未承包的土地资源,其收入用于村庄的公共事务支出。

> "我们80年代分田到户的时候就留了十多亩的水田,作为留用田。留用田又叫干部田,那时候每年就往外发包,发包的收入就共用。那时候里水村里面也是很穷的,每次村民小组组长过去开会,他们或是让各村民小组出钱大家一起吃了饭,或者就是每人五块钱,作为开会时中午的饭钱。这个钱村委会就是开个单子,个人回来到村民小组账上支。年终村民小组组长几百块钱的补贴也是以这个方式解决。后来村里人嫌留用田太多了,就又分了一些,后来就一直保持着五六亩的样子。"①

---

① 访谈记录:DTC,GBY,2015年4月8日。

相对于经济资源的式微，村庄在惩戒资源方面更是乏善可陈。云台村宗族虽然经历了一个重建的过程，但是族规已经不复存在。云台村以及其他华南宗族型村庄除了在特定的领域内更具有宗族凝聚性之外，其实与其他地区的村庄也没有根本性的差异，而且这种趋同化是随着时间的推进而不断加强的。

尤其是随着政权下乡、法律下乡的存在，村庄内部的很多公共事务都有了体制性的解决平台与解决渠道，宗族内部不再具有一定的强制执行族规家法的权力。如今的云台村，宗族所具有的也只是柔性的社会舆论的手段，而社会舆论在强制性上的欠缺也使宗族的很多基本原则难以有效的实行，规则的违反者除了遭受道德的谴责之外，不会再受到宗族内的任何实质性的处罚。在族规作用式微的情况下，国法对于很多村庄事务又是处于"民不告、官不究"的状态，所以村中很多传统伦理所不能容许的事情现在在村里发生较多了。当然，这也可以解读为现代宗族型村庄中村民自由度的提升。

总之，在云台村内部，已经不存在强制性的惩戒手段与惩戒资源。很多村民也认为这是村里世风日下的重要原因。世风日下当然是由很多因素造成的，但是村中惩戒手段的减少、惩戒资源的匮乏，的确让村民自治的能力大大减弱。

三 自然村与社会

与传统时期不同的是，新时期的自然村之上缺乏一个同样发达的自治社会，在自治与官治之间也就缺失了一个缓冲地带。自然村直接面对的就是乡镇政府以及已经高度行政化了的建制村村委会。

（一）乡贤不在乡

20 世纪 80 年代开始，引入市场经济的乡土社会开始崛起一批新的经济能人，他们在取得经济的优势之后逐步地参与乡村政治事务，开始在乡村公共事务中发挥着重要作用。乡村社会也由此逐步地崛起了一个崭新的乡贤阶层。首先，新乡贤是市场经济中的佼佼者，他们都是市场中取得成功，在经济上成为乡村社会的引领者。其次，他们对公共事务充满了热情，并谋求在乡村社会的公共事务中发挥作用。正是因为新时期的乡贤与传统时期的士绅有着很多的共同处，所以他们在乡村治理中也被寄予了新士绅的期许。

政府也已经认识到乡贤在农村治理与新农村建设中的重要作用，十分注重发挥他们的积极主动性，甚至开始借助他们的力量解决一些农村难点问题。

"很多时候，同样的价格，同样的条件，我们去流转农民的土地就不行。可是他们就能做到。我们也是一片好心，按说政府也具有更大的公信力，但是我们就是没有效率。而且，你会发现，我们土地流转的消息一旦放出去，立马就会有村民坐地起价、哄抬价格，可人家就不存在这些问题。现在政府在农村做事难，有时候你还不得不借助他们的力量。"[1]

乡贤在乡村公共事务中发挥着重要的作用，但与传统乡绅相比，现代乡贤还多是专注于经济领域，经济利益是其行为选择的重要驱动力。这与传统乡绅很是不同，传统乡绅更多地依靠社会声望并且十分注重自己的社会评价，单靠财富本身也不能给人们带来权力和威信。[2] 此外，他们也并没有像传统士绅一样过多介入乡村事务，做乡村公共事务的仲裁者。在与政府的关系方面，新时期的乡

---

① 访谈记录：GWH，LEJ，2014 年 6 月 10 日。
② 费孝通：《江村经济——中国农民的生活》，外语教学与研究出版社 2012 年版，第141 页。

贤在很大程度上也依赖体制性力量的支持，相对独立性严重不足。而且，随着现代国家建构过程中县以下乡镇政府乃至乡镇政府派出机构的建立，乡绅发挥作用的空间已经大大压缩，其在乡村治理中的作用自然也是相对有限的。

对于新兴农村精英与传统乡贤的差别，徐勇教授有更为精彩的论述。他认为新兴农村精英主要有 3 个方面的变化：一是新兴精英中的特权问题，在放宽经济政策的过程中，部分精英以权谋私、化公为私；二是新兴精英的脱草根性问题，自上而下的权力体制容易造成农村精英"脱草根性"；三是新兴精英的家族化问题，很多基层党组织变成了"家族组织"①。从云台村及周边也可以看出，新乡贤的最大特点就是乡贤不在乡。

"现在那些乡贤很多都是不在村里的嘛，都是在外面做生意。你就是平时修路、修祠堂之类的去找他们要钱，他们就很踊跃的，他们也不在乎那点小钱的，而且对村里的这些事还是热心的。但平时那些鸡毛蒜皮的事情是不管的，都不在家里住管什么管呀。"②

（二）村间弱社会

在现代财税政策的支撑下，县级政府对乡土社会的掌控能力有了根本性的提升，在为基层群众提供最基本的公共安全、社会救济、基础设施等基本保障的同时，还开始通过社会保障、计划生育等工作全面进入农村的生活领域。当然，政权、政党下乡所依托的无疑是一整套"县—镇—村"三级治理体系，这一治理体系甚至还通过村民小组组长渗透到了自然村与村民小组。而乡土社会原有的整套的社会自组织体系受到了较大程度的破坏，社会自组织能力降

①　徐勇：《"政党下乡"：现代国家对乡土社会的整合》，《学术月刊》2007 年第 8 期。
②　访谈记录：SPC，LBT，2014 年 3 月 12 日。

低，乡村之间的社会大幅度弱化。

乡村社会自治的式微首先在于乡村治理体系的变迁，其次表现在体制性资源的下移。正式的体制性权力在县以下的乡村社会不再是一片空白，而是通过乡镇一级政府以及行政化了的村委会一插到底，直接触摸到了自然村这一生产生活共同体。与此同时，党组织也逐步下移，在建制村党支部的基础上，还在村民小组一级成立了党小组。当然，乡村治理体系的下移也意味着国家权力更多、更强地介入乡村社会，这一点在政府财政支出状况中得到了明显的呈现。从《2015 年佛冈县一般公共预算支出预算表》中可以看出，正式的体制性权力对乡村介入力度较大，与"皇权不下县"的传统社会时期政府连基本的公共安全与社会救济都无法提供的状况形成鲜明对比。

表 3—16　　　　　　2015 年佛冈县一般公共预算支出表
（涉农部分）　　　　　　　　（单位：万元）

预算科目	预算数	预算科目	预算数
自然灾害生活救助	138	农村环境保护	323
最低生活保障	1535	农林水支出	29833
农村五保供养支出	1106	城乡社区支出	6213
乡镇卫生院	2770	地质灾害防治	30
新型农村合作医疗补助	1931	基层政权与社区建设	103
计划生育事务	2769	农村危房改造	513
……			

这里所罗列的只是直接涉及农村的公共预算的一部分，这其中的每一项又可以细分出很多内容，以农林水支出的 29833 万元为例，在具体的执行过程中，又细化到了很多具体的事务中，而细化的程度越高，越说明了行政对基层社会的统摄力度。

表 3—17　　　　2015 年佛冈县一般公共预算支出预算表
（农林水支出）　　　　（单位：万元）

预算科目	预算数	预算科目	预算数
农业	11192	行政运行	231
行政运行	237	水利工程建设	2014
事业运行	369	水利工程运行与维护	3
科技转化与推广服务	235	水土保持	3
病虫害控制	2828	防汛	2861
农产品质量安全	138	抗旱	6
执法监管	16	农田水利	1556
防灾救灾	151	大中型水库移民后期扶持专项支出	14
农业生产资料与技术补助	282	水资源费安排的支出	346
农业生产保险补贴	7	农村人畜饮水	86
农业组织化与产业化经营	93	其他水利支出	153
农村公益事业	346	扶贫	4926
农业资源保护修复与利用	48	农村基础设施建设	2984
农资综合补贴	25	生产发展	16
其他农业支出	6417	其他扶贫支出	1926
林业	2004	农业综合开发	1248
行政运行	444	土地治理	1228
林业事业机构	30	其他农业综合开发支出	20
森林培育	162	农村综合改革	1136
森林生态效益补偿	212	对村级一事一议的补助	290
林业执法与监督	17	对村民委员会和村党支部的补助	666
森林保险保费补贴	30	其他农村综合改革支出	180
林业防灾减灾	118	其他农林水支出	2054
其他林业支出	991		
水利	7273		
合计		57612	

从 2015 年佛冈县一般公共预算支出在农林水支出方面的情况可以看出，政府财政对乡村社会的投入已经到了非常精细化的程度，与之相对应的是，政府行政力量也随之进入整个乡村生产、生活。传统时期很多只能通过社会自治解决的诸如水利设施、防灾救

灾等事务也开始由政府参与解决,政府财政还在农村公益事业方面安排346万元、在对村民委员会和村党支部的补助方面安排666万元资金。这些都充分表明,相对于传统时期,政府在乡村社会的力量存在得到了很大程度的提升。当然,正式体制性力量在乡村社会能量的增强并不必然带来自治的式微。传统时期的体制性权力对乡村社会的作用主要通过乡绅阶层发挥,而乡绅阶层又是社会自治的领导力量,正式体制性权力的作用方式或者说传统的治理机制实质上对社会自治起到了促进性的作用。而在当前的治理机制下,政党、政权不断下移,体制性力量直接进入乡村社会,体制性资源直接由行政力量提供,包括政权下乡的过程也是一个不断将草根性社会自治行政化的过程。

(三) 乡缺自组织

与传统时期乡村社会形成的多样化、多层级、多领域的内生性的自治次生组织体系所不同的是,现代乡村社会的自治次生组织除民间信仰组织之外都带有很强的国家建构的色彩,从发育到发展在很大程度上受到了正式体制性权力的影响。

1. 生产组织

集体经济体制下的云台村农业经营主要以农户为经营主体,集体经济组织的作用在不断地弱化,即便是近年发展起来的种养大户、农业企业,在生产经营过程中也主要采用市场化的运作方式,未能内生出与传统时期相类似的农业经营组织。这一方面是现代国家建构下国家资源进入乡村,部分地解决了原本要靠自治来解决的农村基础设施等问题;另一方面也是因为市场化环境下农业生产技术的提升很大程度上提升了农业生产力,农户独自经营农业的能力提升。也正是在这一背景下,农业经营组织式微,农户之间的帮工现象也逐步减少,插秧、割稻等生产环节已经逐步以市场化手段进行机械化操作。当然,云台村及其周边地区,也还是存在一些生产经营领域的松散的集体行动。

> "每年冬至，我们都要冬修水利的。就是村里那些水渠呀，得发动村民去修一下，要不开春之后你种谷子的水就难办了。你看我们村的水还是从后面陂角下来的，所以每一年都要沿着水渠的几个生产队一起修一下，清理清理杂草之类的。要不他们陂角不清理的话，我们在下面清理得再好也没有用呀。"①

从这段介绍中不难看出，如今的云台村在生产经营领域有集体行动，集体经济组织等传统的农村经营组织在功能上逐步弱化。这些集体协作虽然是社会自发的行为，但也都是由村民小组组长这一半体制性的村庄管理人员来组织实施的。

2. 金融组织

如今的乡村社会存在较大的借贷需求，却缺乏内生性、互助性的金融组织。农村信用合作社成立伊始带有较强的互助金融的性质，但如今也已经完全转变为商业性金融机构。乡村社会也未能内生出其他的农村金融组织，农村金融组织处于缺失的状态。

> "以前那个农村信用社就是我们自己的金融组织嘛，我们那时候还有分红的，虽然分红很少，每次一盒火柴呀之类的。但现在跟我们没什么关系了，贷款都不好贷了。早些年还有个基金会，也是开了没多久就垮了，结果还搞得有些人钱都搭在里面了。"②

这里讲到的金融机构虽然成立伊始带有一定的农村互助金融性质，但也都是政府主导下的金融组织再造，而并非农村社会内生出

---

① 访谈记录：DTC, GGX, 2013 年 12 月 28 日。
② 访谈记录：DTC, GBY, 2013 年 6 月 11 日。

来的互助性金融组织。外嵌性的金融组织必然是以盈利为目的的，这也就让大多数村民望而生畏。也正因如此，当前的农户金融需求主要靠亲戚朋友之间的借款以及生产生活资料的赊欠来缓解，而无法形成一个规范化的破解方式。

> "你到镇上去看看，那个卖化肥农药的那里我们村谁家没有欠账呀，反正没钱就赊欠，什么时候有钱什么时候再去还。前几年砂糖橘赚钱的时候还好，现在砂糖橘不行了，到年底也没钱还呀。还有家里的这些楼房，门窗什么的都是赊的呀。要不就只能跟亲戚朋友借钱，你借钱的话，什么时候有钱了什么时候还，那银行贷款可不行，你到了时间还不上怎么得了。"①

3. 信仰组织

与传统时期相比，如今的乡土社会只有在民间信仰领域还存有内生性的社会组织。上文所提到的龙潭古庙，时至今日依旧是云台村周边香火最旺的庙宇，每年有两次大型的祈福活动，春节、清明节等香火也较旺。龙潭古庙有专门的理事会负责管理日常事务，每天有专人负责维护与上香。

> "他们龙潭古庙很富的，现在估计还得有七八万块钱，我们那个新庙建的时候钱不够了，就去借了两万块钱的。他们每年都有很多香火钱的，每年祈福的时候，他们的理事就挨着周边这些村子收钱，给多给少都可以的。还有一些外面的大老板回来给的香火钱都很多的。理事会每年祈福的时候都会办酒席的，出钱多的就可以去吃饭。"②
> "后面你绍志叔家的阿姨就是理事呀。刚开始那个理事长

---

① 访谈记录：DTC，GSZ，2013 年 7 月 8 日。
② 访谈记录：LNZ，LBT，2014 年 3 月 12 日。

让我干的，负责我们云台村，我不愿意麻烦。反正就是祈福的时候挨家挨户地收钱，给了钱就会给你一张福符，保佑全家平安的。祈福那天，要是你愿意，就去庙子那里上香就行的。"①

龙潭古庙理事会也是一个较为松散的社会组织，平时基本处于蛰伏状态，只有每年的两次祈福大典时才会被激活，也正是因为每年的事务并不是很多，所以其理事才可能志愿性地组织活动，而不从中谋求筹劳。除了庙宇理事会之外，云台及其周边村落还有更为松散的临时性民间信仰组织，比如上文中提到的祖祠修缮理事会。对于这些民间组织，当地村干部也有很准确的认知，他们在闲聊中讲出了这类组织的草根性这一根本属性。

"其实，我们这里的理事会就是这样的，因为你要修祖祠、修文化室，就成立一个临时的理事会，负责筹钱、买料、监督呀之类的。等这个事情结束之后，这个理事会自然就解散了。这样事情也很好地干了，也不用长期地养着这样一个组织。"②

四　自然村与国家

近代以来，随着现代国家的建构，体制性权力对乡村社会的控制不断加强，基层的管理体制与管理区划也不断变动。贯穿其中的一个总的趋势就是政权下乡及政党的下乡，乡村社会越来越紧密地纳入了行政体制之中。

（一）政权下乡

如今，全国普遍建立起来的是五级行政体系，基层政权延伸到

---

① 访谈记录：DTC，GGX，2014 年 3 月 15 日。
② 访谈记录：LSC，CJT，2015 年 7 月 12 日。

了县以下的乡镇一级。近年来,在东部一些地区,有些乡镇将派出机构以公共服务大厅的形式延伸到了建制村,也有些地方明确提出要将村(社区)作为基层政权的延伸。现有行政体系中,最核心、最关键的一环仍旧是县,但此时的县与传统时期的县相比,管控社会、服务社会的能力显然得到了很大程度的提升。在新的历史节点上,县一级的行政部门大幅增加,县以下又设乡镇,财政供养人数大幅增加,财政支出也大幅提升。

表3—18　　　　2014 年佛冈县财政供养人员情况(不完全统计)

人员身份	人数(人)
公务员	1434
(其中,警察)	(339)
事业单位	4986
后勤人员	59
驻军	20
合计	6499

在实际操作中,财政供养人数已经远远超出了这样的一个数据,其中乡镇以下的建制村村干部的工资也由县财政统一负担。

表3—19　　　　2015 年佛冈县县财政供养的村(社区)干部情况

镇别	支委数	"两委"交叉任职数	交叉率(%)	"两委"干部数
高岗镇	27	26	96.30	42
迳头镇	33	30	90.91	54
水头镇	33	30	90.91	54
石角镇	73	73	100.00	131
汤塘镇	69	66	95.65	112
龙山镇	43	33	76.74	81
合计	278	258	91.75	474

政权下乡不可避免地增加了乡村社会的治理层级。治理层级的增加以及公务人员的增加自然会大幅度增加县域范围内的财政支出，足够的财力也是体制性权力能够强化对乡土社会有效控制的基础与前提。与传统时期相比，新时期佛冈县的公共财政支出不仅在支出数额上有了较大的变化，同时在财政支出的项目上也有了重大的转变。新时期的财政支出已经远远超出了公职人员工资这些基本的花销，而是开始涉及教育、科技、社保、医疗等各个方面。

表3—20　　　　　　　　　2014年佛冈县公共财政预算情况

项目名称	数额（万元）
一般公共服务支出	18555
国防支出	93
公共安全支出	10115
教育支出	38119
科学技术支出	2728
文化体育与传媒支出	1563
社会保障与就业支出	22294
医疗卫生与计划生育支出	29232
节能环保支出	1207
城乡社区支出	7594
农林水支出	13036
交通运输支出	6689
资源勘探电力信息等支出	321
金融支出	100
商业服务业等支出	426
国土海洋气象等支出	832
住房保障支出	1523
粮油物资储备支出	210
其他支出	382
合计	155019

财政支出的情况也表明，相对于传统时期体制性权力希望控制乡村社会却缺乏与之相对应的能力，农民希望得到政府提供的更多基本服务却难以实现的情况相比，新时期的体制性权力已经有了更为充足的力量进入乡村社会，新中国成立以来政权下乡的有效实现也是以现代财政为根基的。因此，国家政权下乡的前提是在现代财税制度下国家有能力下乡。

(二) 资源进村

政府直接进入自然村的体制性资源是多样性的，但对村民影响最深的是社会保障性的资源。如今村庄内部的社会救助体系主要还是体制性的，政府已经大致构建起了一整套的社会保障体系。某种意义上讲，新时期国家对家庭的支撑带有根本性，而宗族已经没有任何资源可以供其成员进行有意义的经济活动。就农民困难补助而言，国家每年都有很多资金来救济困难农户，而宗族已经没有经济资源，因此也就没有救助能力。[①]

五 本章小结

本章所探讨的自然村村民自治与传统宗族村自治存在着内在的延续性，但是在经历了新中国成立之后的土地改革、农业集体化尤其是近 30 年的人民公社之后，自然村自治所根植的社会土壤、所处的社会环境已经发生了根本性的变化。尤其是在这个过程中，自然村自治的自治规模、宗族关联、产权基础等迅速变化、不停反复，使自然村自治退缩到了历史最低水平。人民公社解体之后，随着社会管控程度的降低以及宗族在某种程度上的复兴，自治在新的社会形态下再次萌发并发挥了一定的作用。但是新时期也出现了新

---

① 朱炳祥:《村民自治与宗族关系研究》，武汉大学出版社 2007 年版，第 131 页。

形势与新问题，社会个体化、经济市场化等新的趋势让自治的发展也面临着新的机遇与挑战。因此，对建制村以下的自然村自治形态的考察将更有助于进一步深化对自治的认识。

传统的宗族组织是不可能成为村民自治的社会组织基础的，而且传统家族组织经过政治经济的冲击早已面目全非。所谓纯正的家族本土资源只是学者们的一种想象。① 云台村的"队委"脱胎于人民公社时期的生产小队管理委员会，"队委"自治带有传统时期宗族自治、长老自治的影子，但又有很大甚至是根本性的区别。"队委"自治是根植于当前华南乡土社会的一种自治形式，而当前的华南乡土社会又是一个不完整的宗族型社会。由此，在一个不完整的宗族社会之上生长出来的自治形态自然也就不是一个完整的社会自治形态。首先，这种乡村自治是一种先天不足的自治形态。"队委"自治所处的乡村社会与传统时期已经有了根本性的不同，自治的土壤、自治的主体、自治的客体、自治的资源都已经不可同日而语，其次，这种乡村自治是一种后天环境欠佳的自治形态。在现代国家建构过程中逐步建立起的压力型体制在一定程度上影响了乡村自治的茁壮成长。

也正是这种种现实条件的制约，现代乡村草根自治存在很大的局限性。云台村以及其他华南宗族型村庄中还保留着一些传统的自治元素并新生了一些现代的自治机制，但这些自治的元素与机制是一种零星而脆弱的存在，它们只在行政延伸较弱的层级和领域存在并发展，而很难再形成一个如同传统时期一样的完整的社会自治形态。与此同时，由于国家制度的巨大变革，乡村村治领袖的兴起，宗族权威与村治权威的分离，族长的消亡，族规族训被国家的同一法律法令所限定或瓦解，宗族不能如在传统社会那样在国家的支持

---

① 徐勇：《村民自治的成长：行政放权与社会发育》，《华中师范大学学报》（人文社会科学版）2005 年第 2 期。

下发挥较强的社会治理功能。① 整体而言，当前云台村的自然村自治是一种现代国家建构下的村民自治，是一种处于现代化进程中的不完整的自治形态。但正如清远市改革者所注意到的，在当下的农村，围绕着村民共同关心的利益，还是形成了自治的内在动力，出现了自治的多种形式。如何认识并进一步激活这些自治的元素、自治的资源，成为新时期重达自治需要思索的核心问题。

① 朱炳祥：《村民自治与宗族关系研究》，武汉大学出版社2007年版，第88页。

第四章

草根自治的再度行政化:村委会下移的改革实践

　　当下中国正处于传统与现代的历史转换之中。在现代社会发展道路的过程中,注重传统的"延续性"与注重超越传统的"创新性"同样重要。①旨在通过复归自然村自治传统、挖掘自然村自治资源的清远改革重塑了农村村级组织体系、重构了农村村级治理机制,引起了全社会尤其是学界与政界的关注与争论。从微观层面讲,它首先深刻改变的是作为改革试点村之一的云台村。当然,从2012年底村民自治重心下移改革正式启动以来,村民自治重心下移改革本身也经历了一个曲折的过程,改革过程中制度本身的调整与修正、改革实践中引起的乡土社会的反应都在云台村有较为清晰的呈现。一场旨在激活村民自治资源与村民自治活力的改革在云台村引发了戏剧性的变数,小村落史无前例地上演了一场对村庄权力争夺的选战,改革也最终导致了自然村自治的再度行政化,引发了改革者始料未及的改革悖论。

---

　　① 徐勇:《中国家户制传统与农村发展道路——以俄国、印度的村社传统为参照》,《中国社会科学》2013年第8期。

一 激活自治资源的村民自治改革

清远市的村民自治重心下移改革并不是为改革而改革,而是一场基于问题导向的改革,它是在现代化进程中村民自治遭遇发展的困境后,地方政府为了实现农村基层善治,基于乡土社会的自发性创新经验而推进的改革创新,更是地方政府援借传统乡村治理资源、基于当地社会基质由上而下进行的农村基层治理机制重构。这场改革的发生有其深层次的时代背景、学理性的理论支持、地域性的社会基础以及特色性的机缘巧合。

(一) 村级组织建设

习近平总书记多次强调,推进国家治理体系和治理能力现代化的基础性工作在基层,只有基层坚固,国家大厦才能稳固。2012 年5—8 月,广东省委组织部联合民政厅、农业厅等部门起草了《加强村级基层组织建设五年行动计划》。2012 年 8 月 15 日,广东省村级基层组织建设工作会议在广州召开,正式启动了广东省新一轮的村级组织改革,并提出广东省村级组织建设"力争五年内领先全国"。对于村级基层组织建设的思路,汪洋同志特别强调要在坚定不移地坚持党的领导的同时,坚定不移地推进村民自治,坚定不移地实行协同共治。整体看来,广东省委还是坚持"放活基层"的思路,希望能够充分发挥人民民主,充分激活农民的动力,从而从根本上解决"村民自治"演变为"村官自治"的问题,形成协同共治的崭新治理局面。

广东省村级基层组织建设工作会议上指出,要变"为民做主"为"由民做主"。广大群众是民主实践的主体。只有充分相信和依靠群众,保障群众的民主权利,让群众当家作主,才能把村民自治真正落实到位。长期以来,由于受中国几千年封建专制传统的影响,一些群众习惯性被动接受"领导",参与村级事务积极性不高,"村民自治"最后往往成了"村官自治"。有的同志说,现在我们搞村民自治,是让最不具备民主素质的人搞民主,会引发很多的问题。其实,最大的问题是,如果我们不再推进村民自治,我们在领导一切的同时也将背负无限的责任,往往把自己直接置于群众的对立面,这是更大的挑战。

尤其值得注意的是,广东相关部门在进行实地调研的基础上充分认识到了华南乡土社会中的宗族社会基质,充分认识到了宗族在社会治理中可能会发挥出来的积极作用。并且在实践中十分重视传统资源的挖掘与利用,十分重视宗族作用的区分与发挥。

汪洋同志在全省村级基层组织建设工作会议上指出,宗族是农村的重要组成部分,是村级治理中一个重要因素。过去,"王政不下乡,王权止于县政",乡村长期依靠乡绅和宗族治理。宗族治理有精华也有糟粕,必须善加利用。要引导宗族摆脱封建家长式的作风,防止压制宗族成员的民主权利。实践证明,宗族的作用发挥得好,农村基层治理就多了一个助推器。因此,我们推进村级民主自治,一定要重视发挥宗族的积极作用。另外,他还指出,中国农村几千年形成了"聚族而居"的格局,传统文化根深蒂固。传统优秀文化对于发展民主自治、加强农村治理有着十分重要的作用。如果我们善于利用传统优秀文化,就能把民主自治的思想理念,通过文化的方式转化为基层群众的自觉行为。

2012年9月29日,中共广东省委办公厅正式印发了《广东省加强村级基层组织建设五年行动计划》(以下简称《五年行动计划》),广东省的新一轮村级组织改革探索也由此拉开了帷幕。《五年行动计划》的重点是通过加强村民委员会来激活村民自治,从而实现乡村社会的善治。

《五年行动计划》指出,村民委员会作为村民自我管理、自我教育、自我服务的基层群众性自治组织,根据村民居住状况、人口多少，按照便于群众自治、有利于经济发展和社会管理的原则设立……村民委员会根据村民居住状况、集体土地所有权关系等分设若干村民小组。

《五年行动计划》指出，增强村民委员会服务功能，推进以公共服务站为主体、以专项服务设施为配套、以服务网点为补充的农村社区公共服务网络建设，构建农村综合服务体系，推动政府基本公共服务覆盖到农村。

《五年行动计划》是广东省推进村级基层组织体系改革的重要文件，吹响了改革的号角。正是在这一文件的指导下，广东省全省各地市都开始了村级组织改革的探索实践，也涌现出了很多的典型，如揭阳市以村级代表工作室、公益理事会、村务监督委员会为主要内容的村级"一室两会"建设，蕉岭县在村民代表会议制度基础上由党员代表、村民代表、理事会理事长、村监委主任、政府工作人员、外出乡贤等组成的村级协商议事会制度等。在这些改革实践中，行动最快、力度最强、影响最大的当数清远市的村民自治重心下移改革。清远的改革从某种意义上说是抓住了《五年行动计划》的牛鼻子，是在探索让《五年行动计划》最终落地的有效实现形式。

（二）自治下移改革

清远市村民自治重心下移改革的准备工作起步较早，甚至早于整个广东省的村级组织建设布局。清远市关于村级组织改革的调研工作是从 2011 年底清远市六次党代会后着手开始的，在一年的调研过程中，时任市委书记率领队伍走过了全市 85 个乡镇，足迹遍布 200 多个村庄。再经过文件起草、意见征询等环节，最终的文件三易其稿，于 2012 年 12 月 7 日在省委办公厅《广东省加强村级基层组织建设五年行动计划》的"33 号文"之后以再一个"33 号文"的形式正式发布，即清远《关于完善村级基层组织建设推进农村综合改革的意见（试行）》。这个文件的出台建立在充分调研的基础上，更是建立在清远市各地农民创新实践的基础之上，正如时任清远市委书记所说：

> "清远的探索不是我们在办公室里设计的，中央提出深化改革要坚持问题导向，我们就是到农村去，带着问题去看人家农民是怎么解决这个问题，农民是希望怎么解决这个问题。发挥农民的主观能动性，农民能把自己处理好，也能把自己管好。"①

2012 年 11 月 28 日，清远市完善村级基层组织建设推进农村综合改革现场会在清新区召开，市委书记在这次会议上做了重要讲话，对于村级组织改革的重要意义、改革的目标、改革的措施等进行了高度的概括与全面的阐释，尤其是对村民自治下移的理论基础与历史渊源进行了讨论。会议指出，多年实践表明，村民自下而上通过村委会实现自我管理，与乡镇政府自上而下要求村委会承担行政管理职能，往往存在一定冲突。由于政府行政权力有凌驾于群众自治权利的本能，以服务村民自治为己任的村委会，出现了明显的附属化和行政化倾向。乡镇政府习惯于把村委会当作下属机构分派工作任务，再通过发放补贴等形式调动村干部积极性，村委会实际上承担了相当一部分的行政管理职能。村干部理所当然认为应对乡镇政府负责，习惯于按政府要求办事，淡化了村委会自治功能，村民自治权利或多或少被"悬空""虚置"。实际上，"村干部"这一称呼的出现，一定程度上表明村委会改变了自治性质，成为行政机关的延伸。

对于政府自上而下的行政权与村民自下而上的自治权的冲突，

---

① 葛长伟：《探索清远农村综合改革的新路径》，《清远日报》2014 年 4 月 17 日第 2 版。

葛长伟同志显然有着清醒而深刻的认识,他提出的"村民自治权利或多或少被'悬空'、'虚置'""村委会改变了自治性质,成为行政机关的延伸"等显然是抓住了问题的本质,甚至是在用一种学术的专业眼光审视中国的村民自治。更加学理化的分析体现在葛长伟同志对自治的历史与现实的对比之中:我国自古以来就有"皇权止于县政"的传统,群众日常事务更多依靠乡村社会自我管理,民众主要依靠家庭和家族来满足对公共事务的需求。当前,村民委员会自治功能在与行政职能的冲突中被消解相当一部分。而农村很多问题,不是因为政府不管、管得不够,而是管得太多、太细。"乡政"包揽"村治","政府主导"替代"群众主体",农民手脚受到了束缚,难以进行有效自我管理。

葛长伟同志的讲话道出了中国乡村社会的两大传统,那就是最为基本的家户制以及在此基础上形成的宗族社会。在中国,以血缘关系为基础的家户长期居于主导地位,是整个社会的基本组织单位,是中国传统社会的"细胞",由此形成了数千年中国的家户经济传统。[①] 民众也是"主要依靠家庭和家族来满足对公共事务的需求"。当前农村的问题也正是政府"管得太多、太细""'乡政'包揽'村治'",从而导致"农民手脚受到了束缚"。对此,葛长伟同志给出的药方是"改变政府包揽一切的计划思维,充分发挥群众主体作用",进而"开拓市场进入通道",也就是以市场经济的手段促进发展:政府"父爱主义"情结过于浓厚,害怕农民吃亏受损,对农业生产经营介入过多过深。破解这些难题,关键在于改变政府包揽一切的计划思维,充分发挥群众主体作用,激发村级集体经济组织活力,开拓市场进入通道,加快农业产业化步伐,实现农业进步、农村发展和农民富裕。

在对建制村村民自治的行政化有着深刻认识的同时,葛长伟同

---

① 徐勇:《中国家户制传统与农村发展道路——以俄国、印度的村社传统为参照》,《中国社会科学》2013 年第 8 期。

志对于自然村与村民小组一级所存在的便于自治的社会资本存量也有着很好的认识。显然，他已经开始思索自治的社会土壤问题，思索自治的治理单位问题。在这方面，葛长伟同志不仅看到了自然村这一千百年来形成的自然村落所具有的"熟人社会"特质，看到了村民小组这一产权单位内部村民所形成的紧密的利益连接机制，更是基于清远乃至整个华南地区的实际看到了由于血缘、族缘而形成的紧密的经济、社会、文化共同体对于自治的促进作用：村民小组（自然村）大多是以家族或其他历史原因自然形成的居民聚居的村落，具有天然的血缘、族缘等联系纽带，以较为紧密的经济、社会、文化共同体形式存在。相对于行政村，村民小组（自然村）属于"熟人社会"，群众之间有直接的利益关系、一定的信任关系和较强的心理认同感，参与公共事务管理的利益驱动力更强，行为方式更加理性，作为自治单位的基础也更加牢固。

必须同时注意到的是，与汪洋同志在全省村级基层组织建设工作会议上的讲话中所强调的一样，葛长伟同志在推进村民自治下移改革时也充分认识到了传统自治的力量以及传统资源的挖掘：要积极引导和发挥农村宗族等力量的建设性作用。在现阶段的农村，宗族仍然有不容忽视的社会力量，是影响村级治理的重要因素。广东省社科院的一份研究报告指出，宗族作为传统社会基层组织力量，以维护正统意识形态为宗旨，在政府管理与社会治理上表现出高度认同和协作，是可依靠的正面力量。所以，要正视宗族等力量作用，正确引导，善加利用，发挥其凝聚人心、化解纠纷、自我管理、救难互助积极作用，减少对基层民主机制的负面影响。

2012 年 12 月 7 日，在又一轮充分征求基层的意见之后，《中共清远市委、清远市人民政府关于完善村级基层组织建设推进农村综合改革的意见（试行）》（清发〔2012〕33 号）（以下简称"33 号文"）正式发布。"33 号文"正式提出了以"三个重心下移"为核心的农村村级基层组织改革整体思路，希望以此重构基层，实现乡村社会的善治。"33号文"中对完善村级基层组织建设的改革思路、改革措施、改革步骤等进行了全方位的详细阐述。"33号文"中指出：积极探索完善村民自治的有效途径，将现有的"乡镇—村—村民小组"调整为"乡镇—片区—村（原村民小组或自然村）"的基层治理模式。在乡镇以下根据面积、人口等划分若干片区建立党政公共服务站，作为乡镇派出机构，承办上级交办的工作、开展公共服务和为群众提供党政事项代办服务，由县镇统筹管理和开支；按照便于群众自治，有利于经济发展和社会治理的原则，在片区下以一个或若干村民小组（自然村）为单位设立村委会，开展村民自治，所需经费由村民会议通过筹资筹劳解决。

当然，村民自治重心下移最核心的目标还是激活农村社会自治资源，激活农村社会自治。因此，增强村委会的自治与服务能力是重中之重。而自治与服务能力的增强又必须有一个良好的外部环境，那就是规范政府行政事务的下村进组，以"权随责走""费随事转"的原则处理不得不需要村委会协同完成的政府行政事务。"33号文"中指出：村委会是村民自我管理、自我服务、自我教育、自我监督的自治组织，主要职能是办理本村的公共事务与公益事业、生产发展、村庄规划建设、矛盾协调、政务协助、民意表达等事务，引导村民依法依规制定村规民约，提高自治水平。建立政府工作入村准入机制，政府部门新增需由村级基层组织承担的工作，按照"权随责走""费随事转"的原则，赋予相应职权和拨付专项经费。市县财政统筹安排"一事一议"奖补项目资金，为村办理公益事业提供支持。引导乡镇加大对农村公共财政投入和资源整合力度，鼓励条件成熟的乡镇统筹农村社会治安管理和环境卫生治理。

（三）农村治理转向

在清远市的"三个重心"下移改革中，涌现出了很多先进村，如英德市的叶屋村、新城村，阳山县的墩背村、元江村，连州市的熊屋村以及佛冈县的云台村。其中，云台村是时任市委书记亲自联系的点，也是整个佛冈县的改革试验田。云台村之所以如此有"幸"，是因为它首先成为新农村建设试验区内的新农村建设试验田。

2011 年 12 月 9 日，广东省新农村建设试验区在佛冈正式设立。作为广东省首个也是唯一一个社会主义新农村建设试验区，新农村建设试验区由广东省农办（农业厅）、国开行广东分行、清远市政府、佛冈县政府四方共建，旨在通过第一产业与第三产业的发展，在纯农业地区推动现代农业产业体系的发展，建设具有"农"味的新农村，从而打破国内大多数新农村示范村主要是"以工致富"而非"以农致富"的困局。新农村建设试验区设立的最初理念源自国家开发银行广东省分行团队。在他们看来，未来的新农村形态既不是自然村，也不限于行政村，以这两种当前的农村经济社会形态为载体都难以建成新农村。

很显然，新农村不应是自然村。自然村落依附于自然经济，并以自然经济为基础形成社会关系，属原生态。在自然村范围内不可能构建起具有上述特征的社会主义新农村。新农村也不能限于行政村。现行的行政村是以自然村落为基础做出的行政界定，是对自然村落的一种行政赋予。囿于行政村的范围也是难能创建新农村的。

在对当前农村现状形成清醒认知的基础上，国家开发银行广东省分行团队对新农村的社会治理机制形成了初步的设想。自治要往上生长，在更大范围内实施社会自治。在新的治理体制中，新农村建设试验区管理委员会将打造成为一个区域自治联盟组织，龙头企业、农民专业合作社等社会主体都将在其中按比例拿到一定的委员会席位。而在新建立的小城镇社区中：过去村落的村民变成新社区的居民，他们之间的业缘关系与邻里关系出现分离并且重组，这样以居住地社区自治管理为宗旨的居民委员会这一组织形式将成为必需。

原来由县、镇两级政府提供的公共管理和服务职能（如公安、司法、税收、工商、民政等）将由县级政府相应职能部门设立联合派出机构承担。其他企事业单位（如学校、医院、交通、文体中心等）实行业务以上受县级政府职能部门指导与监督，但主管部门为试验区自治管委会。

在农民专业合作社、龙头企业、其他企事业单位建立党支部，在试验区管委会成立党委或总支。试验区的基层党组织是该区域公共管理的重要主体，是社会主义新农村建设的政治保障。

根据实际需要在社区建立多种群众社团组织，如"乡村文明促进会""现代农业推广协会""社区居民协会""五老协会""文体协会"等。

由此可见，新农村建设试验区最初规划中所要打造的是一个崭新的社会自治联盟。纵向上看，它在层级上超越了自然村与行政村的范围，在一个更高的层级、更大的区域内实施社会自治；横向上看，它在领域中超越了政治管理与居民组织的范围，涉及经济、社会、文化等各个领域。总之，试验区要打造的是一个现代化的社会自治联盟，是要以现代化的政治、经济、社会理念重构中国的基层治理。

然而，任何一种先进的理念都需要经过乡土社会的检验，任何一种设想都需要与乡土社会相契合，否则难以真正落地。新农村建设试验区最初的建设理念在实践过程中不断地与乡土社会磨合，并在治理方向上形成了根本性转向，最终与清远市"三个重心下移"改革形成了相同的改革路向。新农村建设试验区对于最初设想的修正在《广东社会主义新农村建设实验区总体规划》（以下简称《总体规划》）制定过程中就已然开始了。从《中国特色新农村设想》到《实施方案》，再到《总体规划》，整个新农村建设的规划呈现出了现代化中的彷徨、徘徊乃至挣扎，都在试图超越行政村，却又不能不关照行政村；都在试图走出传统，却又不得不尊重传统：当试验区人口聚居后，也就是小城镇社区形成后，过去村落的居民变成了新社区的居民，他们之间的业缘关系和邻里关系出现分离并且重组，这样以居住地社区自治管理为宗旨的居民委员会这一组织形式将成为必须。居委会同以前的行政村对应，共设 6 个居民委员会，这样可以保持新社区居民群众的文化认同感。

更为重要的是，新农村试验区在具体的改革与发展中进一步发现了村组的重要性。直到今天，组依旧是最紧密的经济共同体、社会共同体、文化共同体，在组一级存在参与公共事务管理的现实需求以及共同建设美好家园的可持续动力。[①] 曾领衔起草《实施方案》的国家开发银行广东省分行行长李处长很早就注意到了自然村或村民小组在新农村建设中的主体地位：

> "我们以前是想以行政村为单位推进新农村建设，但是这边的实际工作也表明，行政村根本就不是推动新农村建设的最好载体，最有效的载体可能还是村民小组。这边农村的土地所有权都在村民小组一级，不抓住村民小组，也就难以推进土地的流转。你们这段时间在产业落地过程中的困难就很充分地说明了这一点。"[②]

由此可见，农村社会治理体制的"村实组虚"与农村产权结构的"村虚组实"存在内在的矛盾与紧张关系，而新农村建设试验又需要紧紧抓住产权改革这一农村综合改革的"牛鼻子"，进而以"生产发展"促进整个新农村建设。因此，新农村建设相关工作所

---

① 徐勇、周青年：《"组为基础，三级联动"：村民自治运行的长效机制——广东省云浮市探索的背景与价值》，《河北学刊》2011 年第 9 期。

② 访谈记录：GKA，LHB，2013 年 3 月 20 日。

需要的基层组织支撑亟须由行政村向村民小组一级延伸,向村民小组与自然村一级要力。那么,在更基层的村民小组或自然村,是否存在这样的力量? 是否存在重建组织体系与自治机制的可能? 对此,从国家开发银行广东省分行到佛冈县挂职并主持新农村建设工作的刘常委有着清醒而深刻的认识:

> "其实,我们之前在村民小组一级是有经济组织的,那就是合作社,合作社才是真正的产权单位。但是后来在村民自治的过程中,合作社逐步虚置,村民小组这一自治组织反倒成为集体产权所有权的代表。其实,仔细研究,你会发现,我们在基层的法律法规有些是打架的。这种组织的混乱也就导致我们在基层的工作乏力。我们现在要做的就是重新做实'合作社—合作联社—合作总社'这一整套的经济组织。最重要的当然就是做实、做活合作社这一最基础的经济单元。"①

正是沿着这样的思路,从 2012 年底开始,推进农村土地产权改革的第一步就是重新成立农民经济合作社,选举合作社理事会,做实做活合作社这一最基础的经济单元,从而在农村社会的最基层打造一整套完备的经济组织体系,将工作的力量延伸到自然村与村民小组一级。云台村也正是在这次成立理事会的过程中崭露头角,开始进入试验区改革者的视野。

(四) 云台改革试验

云台村进入管委会工作人员的视野,最初是源于蔡处长主持的农村产权改革,蔡处长原在广东省农业厅工作,退休后返聘到新农村试验区担任顾问,具体参与了新农村建设的改革实践。2012 年

---

① 访谈记录:GKH, LEJ, 2012 年 12 月 12 日。

11 月开始，蔡处长开始以里水村为试点，推进农村产权改革，而农村产权改革的第一步，就是在村民小组的基础上成立农民经济合作社，并选举产生理事会，在最基础的产权单位内部形成推动改革的领导力量。就这样，以产权改革为契机，试验区开启了完善农民经济合作社组织体系的改革，实际上也就是在村民小组一级建立完备的基层组织。

> "那天中午在里水村委会那里，我就跟吴国星说，让他先想一个候选人名单，看看哪些人比较实在，比较热心公益事业。他们生产队还算是比较大的，我们那时候就商量说选出九个人。当时他就在那里给我写了九个名字，就作为候选人名单。到后面我们去他们生产队选的时候，选出来的也就是这九个人。这就是云台经济合作社的第一届理事。"①

对于当时写给蔡处长的理事会候选人名单，吴国星也有自己的说法。

> "那个时候蔡处长就让我写个名单，说是要九个人。我们村都是一个老祖宗留下的，但是又分成了三支、六房，各个家族远近是不一样的。我就基本上按照各房的关系，大约就是在每一房人找出一个比较能说会道，比较愿意在一起讨论个事情的。你这样大家才能服你们呀，你说是不是？做事情也好做呀。"②

---

① 访谈记录：GWH，CYQ，2013 年 6 月 12 日。
② 访谈记录：DTC，GGX，2013 年 8 月 18 日。

表4—1　　　　　　　云台农民经济合作社第一届理事基本情况

姓名	性别	年龄	备注
吴国星	男	44	父亲曾是县食品站工人，2002年起做村民小组组长至今
吴绍否	男	52	曾在广州长期从事销售工作，2008年起做村民小组副组长至今
吴北燕	男	63	曾任经济社副社长、村民小组副组长
吴德甲	男	61	曾任经济社社长、村民小组组长
吴林松	男	52	曾参加过对越反击战，现为退伍军人
吴绍志	男	63	父亲曾任生产队队长，是村内年龄最大老党员
吴志流	男	49	父亲曾任大队书记，本人曾任村民小组副组长
吴绍沛	男	47	公司保安
吴金水	男	41	父亲曾任生产队队长

吴国星提出的这个理事会候选人名单，一是遵循了蔡处长的要求，选具有公益心的、对公共事务感兴趣的、比较有能力的人。二是遵循了乡土的规则，以乡土社会最能接受的方式考虑最佳人选。吴国星在提出理事候选人名单的时候，显然既是在选能选贤，又是在平衡宗族内各房支之间的关系。

> "以前没有理事会的时候，也是这些人在一起商量的。村里遇到什么事，就找这些人商量一下，大家一起出个主意，然后就是我跟阿否一起去做。以前就是吴志流。现在村前面这条水泥路，村里面的这些水泥路，都是我跟吴志流一起的时候做的。每个村都有个'队委'的，其他这些村都是一样的。"①

理事会的选举并未采取投票的方式，而是根据候选人名单采取大家鼓掌通过的方式。在一年后的村庄权力角逐过程中，部分理事与村民对于这次理事会选举的真实性与公平性提出质疑，认为这一方式不符合选举中"一人一票"的规定，蔡处长和吴国星感觉很委

---

① 访谈记录：DTC, GGX, 2013年8月18日。

屈,他们当初遵循的也是村子里一直以来的不成文的传统规矩。

> "是,我们那时候不是一人一票选出来的。有的村是的,有的村就不是,这都是他们自己决定的。云台村那时候就是他们凑在一起,然后就一个个地宣读名单,如果大家没有异议的话,就鼓掌通过。"①
> "那以前有的年头队长也是这样选的嘛。有的时候是投票的,有的时候大家就说别麻烦了,就还是你们俩接着干吧,那就大家鼓掌通过了的呀。其他人都没人想干得好不好。当个队长,一年600块钱,这些年再加上些其他的,也不超过800块钱,还不够我的电话费呢。那时候当什么理事长,也是没钱的嘛,谁愿意干呀。"②

在此之后,当时主持新农村工作的县委常委、副县长刘常委多次到云台村,对云台村有了较为全面的了解,尤其是云台村整齐划一的村庄格局、保留了较好的宗族传统,给他留下了较深的印象,让他对新农村建设有了新的想法,那就是在试验区内先找一块试验田进行新农村建设各个方面的探索。

> "一个村庄,可贵的不是20世纪60年代就有人带头做了新的村庄规划。可贵的是这个村五六十年以来严格按照规划做事,没有人违反规定。前人制定的乡规民约在这个村庄里得到了很好的执行与贯彻,这才是最为难得的。"③
> "最终选择云台村,不仅仅是因为这个村的村庄布局如同棋盘一样规整,也不仅仅是因为这个村村容整洁。我最看重的

---

① 访谈记录:GWH,CYQ,2014年3月25日。
② 访谈记录:DTC,GGX,2014年4月4日。
③ 访谈记录:GWH,LEJ,2013年4月11日。

是这些背后所反映出来的人心，反映出来的这个村的团结。你想想，这就是宗族的力量，这就是内在的约束力。所以，我就想通过这样一个村庄探索出一些东西出来。引导他们发挥主观能动性，更好地发展，更好地自治。反过来说，如果在这样一个村庄我们都没有办法搞好新农村，那在其他村肯定是难度更大，那我们还真的是要对我们的思路进行反思了。"①

随后，云台村逐步走进县领导的视野，并最终成为新农村建设的试点村。2013 年 5 月，佛冈县委、县政府正式发布《2013 年佛冈县新农村试验区——生态长廊建设工作方案》，以 252 线为主线，串联 13 个节点，在试验区范围内打造出一条可观性强的生态长廊，加速推进新农村试验区各项工作。生态长廊上最为重要的节点便是云台村，"美丽云台"的改革探索任务几乎囊括了新农村建设的全部内容。

表4—2　　　　　　"美丽云台"建设 2013 年 5 月工作任务

任务时间	具体任务分解		负责单位
5 月	（1）召开村民理事会会议与村民大会，调动群众积极性		管委会
	（2）村庄建设用地及房屋外立面测量		住建局
	（3）农户基本状况调查		管委会
	（4）委托广东省城乡规划设计院开展村庄规划设计		管委会
	（5）产权制度改革	宅基地确权，制定方案，完成测量	国土局
		土地承包权确权，制定方案，完成测量	科农局
		房屋所有权确权，制定方案，完成测量	住建局
	（6）完善理事会规章制度，完成集体经济组织成员资格界定		管委会
	（7）建立村落变迁相片库，记录村庄变迁过程		管委会
	（8）推进村级基层组织建设		组织部
	（9）筹备乡贤人士座谈会		管委会
	（10）人文历史文化挖掘与整理		史志办

① 访谈记录：GWH，LEJ，2013 年 4 月 11 日。

就在"美丽云台"新农村建设试验前期工作进行得如火如荼的时候，另一场改革也在紧锣密鼓地进行之中，那就是石角镇政府主持的村民自治重心下移改革。石角镇是佛冈县村民自治重心下移的试点镇，试验区也全部在试点的范围之内。按照市里的统一部署，在2014年换届选举前，将在当时自然村或村民小组层面成立理事会，作为将来的村委会的替代机构。《中共清远市委、清远市人民政府关于完善村级基层组织建设推进农村综合改革的意见（试行）问与答》中指出：

> 　　2013年在自然村和村民小组全面组建村民理事会，理事会成员实行"2＋X"模式，即由村民小组党支部书记、村民小组组长加若干村中威信高的乡贤代表组成，理事会的主要任务是：在村党组织的领导下管理村务，为2014年"两委"换届选举做好准备。
>
> 　　2014年"两委"换届结束后，新一届村民委员会产生，各村可根据实际确定村民理事会是否继续存在，若继续存在，理事会成员采取"2＋X"模式，即由村党支部书记、村委会主任加若干村中威信高的乡贤代表组成，理事会的主要职责是：受村委会委托组织村民参与"一事一议"项目，参与农村公益类、公共服务类的社会管理事务。

正是在这一文件精神的指导下，石角镇政府开始在全镇范围内的村民小组或自然村成立村民理事会，作为村委会的筹备组织。按照云台村的规模，石角镇主持的选举在云台村共选出了一位理事长、两位理事。

表4—3   云台村理事会理事情况

姓名	性别	年龄	备注
吴绍否	男	52	村民小组副组长,曾在广州长期从事销售工作
吴国星	男	44	父亲曾是乡镇工作人员,32岁起做村民小组组长至今
吴林新	男	41	父亲曾做村民小组组长,长期在广州工作

新成立的村民理事会中,除吴绍否、吴国星之外,只有吴林新一位新的成员。但这份名单中问题的关键不在于吴林新的进入,而是吴绍否与吴国星位置的互换,这就导致了村庄组织的内在张力。新农村建设刚刚开始,大量的公共事务需要一个强有力的领导班子承接,而此时班子建设上却出现了一定程度的混乱。原本只有一个村民小组组长与副组长的村民小组内部一下子有了两套不相重合的领导班子,而且在此之外还要成立党支部,这对于普通村民而言,是难以理解的,也是分不清楚的。吴国星与吴绍否两位理事长,该听谁的?这似乎只是一个非A即B的选择题,但是要给出正确答案似乎并不简单。

"我不反对你村民自治重心下移,我反倒是赞成的。但是你的这种下移应该是一种机制的下移,而不应该是组织下移。你以前在行政村层面党组织、自治组织、集体经济组织就是打架的,现在你再把他们全部下移到一个村民小组里面去。一个小村里面三套组织,你让村民听谁的,有事去找谁。"①

"一个村里就只有那么多事,把经济事务剥离出来之后,村民自治还治什么呀?还有什么事可治呀?现在成立一个党政服务站,行政事务剥离出来了,到了我们这,我又做实做活经济合作社,把集体经济这一块独立出来。再来成立一个村民理事会,将来还是要成立村委会,那你想想,村委会将来能做什

---

① 访谈记录:GWH, LEJ, 2013年6月13日。

么呀？能有什么事情做呀？"①

"没有别的办法，那时候我们只能先把他们融合到一起，刘常委就想到正好再成立一个监事会，于是就想着十个人，七个人组成理事会，三个人组成监事会。阿星做理事长，阿否做监事长，但是平时做事不用分得那么清楚，就是大家一起干。"②

在政府的介入下，新当选的两个理事会进行了合并与重组，此举暂时理顺了云台村内部的管理，形成了一个由 10 人组成的较为精干的村民自治队伍。在之后一年多的时间里，在云台村大规模的新农村建设过程中也是这 10 个人一马当先、冲锋陷阵，成为云台新农村建设的中流砥柱。

二　基于经验本位的乡土社会反应

根据清远市"33 号文"的要求，2013 年 2—7 月各县（市区）选择 1 个或以上乡镇开展完善村级基层组织建设推进农村综合改革试点工作，2013 年 8 月起在全市范围内全面铺开完善村级基层组织建设推进农村综合改革工作。但清远的改革在启动伊始就面临着自上而下的巨大压力，在有些人看来，这有可能是村民自治与基层民主发展进程中的一次历史性倒退。因此，无论是广东省委组织部，还是广东省民政厅，乃至国家民政部，在改革伊始，都对这场改革抱有很大的质疑与观望态度，这也就直接影响了清远改革的推进速度与推进力度，全市范围内的改革后来改为先在英德市西牛镇、佛冈县石角镇以及连州市九陂镇 3 个试点镇进行试点。当然，清远村民自治重心下移改革的最大阻力还是在基层。

---

① 访谈记录：GWH, LEJ, 2013 年 6 月 13 日。
② 访谈记录：GWH, CYQ, 2013 年 8 月 14 日。

(一) 县乡干部论改革

清远村民自治重心下移改革的"33 号文"一出台,就引起了基层的质疑,尤其是在乡镇一级,广大基层干部对改革措施反响较大。改革方案的设计者或许已经尽最大努力地考虑了改革中可能会遇到的问题,但他们对基层问题的多样性及解决问题的艰巨性却未必考虑得周全。这当然也是全国很多改革的共性问题,改革的政策具有统一性、一致性,而忽视了政策的多样性,政策取向单一,很容易"一刀切"①。清远村民自治重心下移改革的灵感主要来自叶屋村、新城村等自然村的自治实践,但每一个村庄都有自己的特质,将示范村村民自治中创设的经验应用于全市,本身就存在一个适用性的问题。

1. 自治权与行政权

20 世纪 80 年代村民自治在全国推行的过程中引发了很大的争议,反对的最强音也是来自基层。基层所担心的无非就是赋予农民过多的自治权会损害行政权,增加农村的管理难度。村民自治实施近 30 年后的今天,很多基层干部对村民自治依旧是颇有微词甚至是愈加反对。新一轮的村民自治重心下移改革无疑将在很大幅度上进一步增加自治组织的数量,加剧农村权力的离子化程度,这成为广大基层干部质疑的焦点。

> "一个地方发展得好不好,关键就在于能否抓住这群村干部。你看汤塘镇,他们这些年发展得这么好,我觉得他们做得很好的一点就是紧紧地抓住了村干部,培养了一群很优秀的村干部,尤其是几个村书记,都是很优秀的。做农村工作,村干

---

① 徐勇:《"政策下乡"及其对乡土社会的政策整合》,《当代世界与社会主义》2008 年第 1 期。

部配不配合、得力不得力，差别是很大的。"①

　　基层干部长期在基层工作，对基层工作有更深切的了解。"管官的干部好当，管民的干部不好做。"从某种意义上说，基层干部尤其是乡镇干部的确是承担着最大的工作量与最强的工作难度。当然，很多基层干部所具有的也是"局部的真理"，他们考虑问题还是较多地以工作的便利性为最终目标，而较少从全局性、整体性、系统性角度来理解改革，更不会考虑到现代化进程、民主化浪潮等社会变迁的时代背景。由此，基于行政权与自治权的天然冲突以及一贯的压力型管理思维，基层干部对村民自治重心下移改革还是存在较大的疑虑。虽然对于全市统一推进的改革，基层并没有讨价还价的余地，但不同认可程度终将导致不同的执行力度，最终形成不同的改革绩效，表面的"高度重视""全力推进"无法遮掩实际上的认知不够、动力不足、行动不力、效果不佳，清远市村民自治重心下移改革在基层对改革的认知上就已然打了折扣。

　　2. 治理层级与治理经费

　　对村民自治重心下移改革的另一个质疑在于改革导致基层治理经费增加。治理经费的增加一是因为治理层级的增加，片区党政公共服务平台与村委会的分离实际上是在原来的行政村内部形成了两级治理体系；二是因为治理理念的转变，片区一级的运行经费将不再依靠集体经济而是全部由财政负担，政府行政进村也将按照"费随事转"的原则解决工作经费。改革首先就遇到一个最现实、最直接的问题：钱从哪里来？

　　按照"33号文"精神，村民自治重心下移后片区党政公共服务平台的运行经费以及工作人员的费用由财政负责，在片区以下以一个或多个村民小组为单位设立的村委会所需经费则由村民会议通

---

① 访谈记录：GWH，XBX，2014年3月21日。

过筹资筹劳的方式解决。具体说，片区公共服务平台所需经费开始全部由财政承担，同时，对于要进村入户的行政事务，也要"建立政府工作入村准入机制，政府部门新增需由村级基层组织承担的工作，按照'权随责走''费随事转'的原则，赋予相应职权和拨付专项经费"。无疑，由政府财政承担起本应承担的基层行政经费将在一定程度上增加基层财政负担，而新的村委会及与之相对应的基层组织的运行经费由自治单元自行解决则无疑对农村集体也是不小的负担。更为尴尬的是，就目前粤北农村集体经济的发展现状而言，"33 号文"中规定的村委会所需经费由村民会议通过筹资筹劳解决也是难以实现的，对于部分自治组织而言，这可能意味着新当选的村委会干部没有任何经济待遇，因为集体经济本来就是虚置的、空转的。

> "当村干部没有钱，谁还会当呀？现在的村干部为什么比较配合政府的工作，因为上面给发工资，还提供社保等福利待遇。你看现在这六个村的村干部为什么不听我们管委会的呀，还不是因为他们的工资待遇不是我们负责，而是由石角镇负责的吗？"①

> "现在的生产队队长一年也有七八百块钱的收入的，你想想，以后每个生产队都成立一个村委会，都有五六个村干部，就算一个村干部一年也只有 800 块钱，那也是四五千元呀。你住在云台，你是知道的，他们之前一年的集体经济收入也就五千多呀，这还是比较好的生产队了。"②

与基层干部想法一致的是，对于没有工资的村干部，吴国星等理事也充满了不理解，认为上面不发工资是不可能的。

---

① 访谈记录：GWH，XBX，2014 年 3 月 21 日。
② 访谈记录：GWH，XBX，2014 年 3 月 21 日。

　　"没有工资谁当干部呀？你看看那些理事，这一年多你不了解吗？不是天天要工资的吗？你说是不是？现在的大队干部他们也有工资的呀。等着看吧，不给钱绝对没有人白干活的。村里现在为什么这么多人想当村干部呀，还不是冲着钱来的？再说了，打散工现在一天还有80块呢，干公家的活就不给钱，哪有这样的道理。"①

　　正是抱着这样的想法，云台人坚定地认为，即便现在不发工资，但长远看，早晚还是要发工资的，这样的认知或者说侥幸心理也是云台村后来的选战竞争激烈的重要原因之一。很多村民最终参与竞选很大程度上也是出于经济上的考量。

　　3. 组织下移与机制下移

　　清远市村民自治重心下移改革只是"三个重心"下移改革的一部分，伴随村民自治重心下移的是基层党建重心下移、公共服务下移以及基本经济单元的做实做活。由此，对村民自治重心下移改革的最大质疑在于改革之后的组织重置导致农村组织体系的庞杂，庞杂的组织体系又会影响基层的治理绩效，甚至会搞乱农村组织体系。"33 号文"指出：推进党组织设置重心下移。乡镇党委应在下辖片区设立党政公共服务站的同时建立片区党总支，同时在片区下辖的村（原村民小组或自然村）建立党支部。扩大党组织覆盖面，在具备条件的村办企业、农民专业合作社、专业协会等建立党支部。

　　如此，在村民小组或自然村一级新成立基层党组织、自治组织与集体经济组织三套组织架构，实际上就是将行政村的组织架构下移到了自然村，村民自治重心下移变为了村民自治组织的下移。机制下移还是组织下移也是"三个重心"下移改革中争论的焦点之

---

① 访谈记录：DTC，GZL，2014 年 2 月 12 日。

一。新农村试验区的刘常委和朱主任就是村民自治机制下移而不是组织下移的倡议者与支持者。

> "现在我们农村的组织不是少了,而是多了。你不用说别的,就以云台村为例,将来既有党支部书记,又有村主任,还有合作社的理事长,对了,还有一个村民小组组长,一下子出来了四个头、四个核心,将来遇到事情该听谁的?如果将这好几个角色搞成一个人、一套班子,那又何苦搞出来这么多组织呢?"①

> "一个村民小组或自然村就那个几十户人,人数也就几百个,哪有那么多的事务要管?搞村民自治,可是,没有了经济,还有什么事情可以治呀?又拿什么去自治呀?这不又成了一种新的形式主义吗?"②

遗憾的是,他们的想法很难落实,因为对于基层政府而言,村民自治重心下移不是一项改革探索,而是一项"任务"。

(二) 基层政府推改革

从某种意义上来说,任何一场改革进入乡土社会,都必将为乡土社会所改变,因乡土社会而"折腰"。换言之,改革必须适应乡土社会,必须尊重乡土智慧,必须契合乡土需求。当统一或单一的政策不能满足农村的实际需要,就促使地方和基层寻求与统一的政策不相一致的做法,进行政策变通与修正。③ 村民自治重心下移改革也在具体的改革实践中不断地修正。其中,石角镇在改革的过程

---

① 访谈记录: GWH, LEJ, 2014 年 2 月 15 日。
② 访谈记录: GWH, LEJ, 2014 年 2 月 15 日。
③ 徐勇:《"政策下乡"及其对乡土社会的政策整合》,《当代世界与社会主义》2008 年第 1 期。

中在村委会规模上进行了很大程度的修正，大幅减少了新成立村委会的个数。这种改革的变通主要是基于基层政府管控的便利。可以说，清远村民自治重心下移改革在变通中变异。这种变异在很大程度上脱离了改革的初衷，但却不能就此否定这些"土政策"。政策正确与否一要符合实际，二要满足政策对象的需要。由于政策制定者认识的局限性和社会的复杂多样性，决策的偏向性和决策失误的可能性也是很大的。①

1. 村民委员会规模调整

关于新的村委会的规模，"33 号文"中指出，要"按照便于群众自治，有利于经济发展和社会治理的原则，在片区下以一个或若干村民小组（自然村）为单位设立村委会，开展村民自治"。《中共清远市委完善村级基层组织建设推进农村综合改革工作领导小组会议纪要》中进一步指出，"关于村民自治的规模与范围问题，应该坚持实事求是的原则，真正做到从实际出发"。这样的表述也就留给了基层很大的操作空间。2013 年底，石角镇在所谓的充分调研与征求意见的基础上，正式地提出了村民委员会规模调整的方案。

> 我镇总面积 374.42 平方千米，下辖 17 个村民委员会、165 个自然村、485 个村民小组，共 14635 户 69374 人。现将 17 个村民委员会，调整为 106 个村民委员会。

具体而言，对于新农村试验区内的 6 个行政村的最新调整，也呈现出了很大的差距。

> 撤销龙塘村民委员会，设立旱塘村民委员会、龙盘村民委员会、长岭村民委员会 3 个村民委员会。

---

① 徐勇：《"政策下乡"及其对乡土社会的政策整合》，《当代世界与社会主义》2008 年第 1 期。

撤销里水村民委员会，设立中和村民委员会、福联村民委员会、里冈村民委员会、陂角村民委员会、云台村民委员会、咸水村民委员会、芦洞村民委员会共 7 个村民委员会。

撤销石铺村民委员会，设立铺岭村民委员会、石联村民委员会 2 个村民委员会。

撤销小潭村民委员会，设立上联村民委员会、中联村民委员会、下联村民委员会 3 个村民委员会。

撤销小梅村民委员会，设立中围村民委员会、西围村民委员会、小梅水围村民委员会、格梅村民委员会、汶胜村民委员会、米田村民委员会共 6 个村民委员会。

撤销山湖村民委员会，设立湖上村民委员会、湖中村民委员会、湖元村民委员会 3 个村民委员会。

显然，这是一份与改革意图相去甚远的调整方案。如果说里水片区和小梅片区的村委会设置还比较符合市里改革意图的话，试验区内的其他四个片区的村委会设置调整则存在很大的问题。龙塘片区新设置三个村委会，人数较多的龙盘村委会依旧有 408 户、1766 人，且片区工作人员全部出任了三个村委会的主要领导。石铺村原本就是在 2005 年由石联村和铺岭村合并而成，这次村委会下移只是再按原来的管辖范围将两个村拆分开来。小潭和山湖也只是又拆分为三个村委会，仍旧没能实现自治单元与产权单元、社会单元的对接。因此，在这份方案中，龙塘、山湖、小潭、石铺四个片区下辖的村委会的设置都超出了村民小组以及自然村的范围，只有里水片区与小梅片区基本上是在自然村的基础上设立新的村委会。从这个意义上讲，云台村所在的里水片区的村委会规模调整还比较符合"33 号文"的相关文件精神。

表4—4 石角镇里水片区村民委员会规模调整情况

村民委员会名称	所辖村民小组	户数	人数
中和村民委员会	3	94	409
福联村民委员会	2	61	310
里冈村民委员会	5	151	716
陂角村民委员会	1	60	238
云台村民委员会	2	82	334
咸水村民委员会	2	87	382
芦洞村民委员会	2	75	334

石角镇的村民委员会规模调整方案最终得到了佛冈县与清远市的认可,并成为最终的调整方案。在2014年5月的清远市农村工作会议上,葛书记也对石角镇的创新进行了充分的肯定,而这份肯定也部分表明改革主导者还是希望地方能根据实际情况探索村民自治多种有效实现形式,只是基层在改革探索中缺乏主动性与积极性,在教条式地执行市里改革文件的同时错失了更多探索村民自治有效实现形式的机会:村民的自我探索有时候比我们的设计更符合实际。在佛冈石角镇调研时了解到,该镇165个村分为三种类型:一种是以原村小组为单位成立的村委会;一种是以自然村为单位组成的村委会;还有一种是以过去老的管理区为单位成立的村委会。由于各地区农村的历史渊源不同,集体资产的形式也不同,自治规模可以由村民自己选择,关键是要找到利益共同点和村民自治的基础。

2. 村级组织结构调整

就在石角镇积极推进村民自治重心下移改革的同时,出于对整个试验区发展的需要,管委会也开始对村级组织体系改革进行思考。当然,这种思考主要来自关注云台变迁、思索乡建工作的刘常委。

"自治下移没有错，但是我们要主要着眼于自治机制的下移，而不是自治组织的下移。在自然村这一级，还是不宜有那么多的组织，太多的组织只会让基层变得混乱。"①

"在村民小组，我们主要是要做实集体经济组织，做实做活农民经济合作社。这个对于村民来说是最迫切的，也是最实惠的。只有经济发展上去了，公共事业才有钱，才能做好其他的事情。"②

刘常委所说的，其实就是在村民小组这个农村集体产权单元做实经济组织，进而在经济发展的基础上延伸出其他公共空间与社会组织。也就是说，经济发展是基础与前提。刘常委还十分强调一个自然村落必须有一个领导核心，多头领导容易撕裂村庄，影响村庄的发展与善治。只是，在刘常委看来，经济组织是最为重要的，经济组织负责人自然也就是村庄发展的核心人物。

"行政村这一级怎么变我们不用管，这个对乡村影响不大。关键是村民小组这一级，我们就是要着重打造经济组织，在一个村里面，农民经济合作社的理事长就是最重要的，就是说了算的那个人。其他的自治组织、党组织，我们完全可以内嵌到经济组织之中。在经济组织之下融入自治功能，建立党组织。"③

不难看出，刘常委对于自然村一级的组织架构的思考与清远改革方案尤其是石角镇方案存在较大的差异。两者的共同点在于都承认村级组织所应具备的党建、自治、服务、经济等功能。关键问题

---

① 访谈记录：GWH，LEJ，2014 年 4 月 11 日。
② 访谈记录：GWH，LEJ，2014 年 4 月 11 日。
③ 访谈记录：GWH，LEJ，2014 年 4 月 11 日。

在于是强调功能赋予还是组织建设，以及如果要进行组织建设，处
于核心地位的组织又是哪一个。

　　正是基于这种理念上的差异，刘常委对石角镇的改革方案有较
大的意见。在他看来，石角镇并没有完全理解市里面的改革理念，
而只是教条式地执行了改革方案。在《中共清远市委完善村级基层
组织建设推进农村综合改革工作领导小组会议纪要》中，的确也有
"关于自治组织的形式问题，自治组织形式可以多样化，不要搞一
刀切"的表述。但在实际工作中，尽管许多人主观认识到行政管理
需要考虑实际情况，但强调一致性、实行"一刀切"的治理更为
突出。①

　　　"我跟书记说了好几次，能不能就把我们试验区拿出来，
我们试验另一种方式。可每次他都是说这个事情不行，这是市
里面统一要求的，试验区也必须要一起改革。后来我又跟他
说，实在不行你就给我留一个云台行不行，结果最后还是
不行。"②

　　最终，刘常委对于村级组织设置的想法未能落地，试验区乃至
云台的改革还是按照统一的方案推进。从这个意义上说，村民自治
改革可能也由此失去了一次探索村民自治多种有效实现形式的
机会。

（三）基层群众看改革
　　相对于改革设计者与实践者在改革方案上的分歧与冲突，普通群
众对这样一场改革表现出来更多的却是冷漠。村委会如何设置、村干部

---

　　①　徐勇:《"行政下乡":动员、任务与命令——现代国家向乡土社会渗透的行政机制》，
《华中师范大学学报》（社会科学版）2007 年第 5 期。
　　②　访谈记录:GWH, LEJ, 2014 年 4 月 11 日。

谁来当,对于他们而言都是不相干的事情,他们只是旁观者而已。

1. "我们本来就是一起的呀"

按照新的村委会调整方案,云台与瓦田寮两个村民小组共同组成新的云台村民委员会,这主要是基于两个村民小组地域相近、文化相关以及历史上的紧密联系。地域上,两个村相隔不远,土地连成一片,村居隔田相望。文化上,云台始祖吴明汉祖孙四人来到云台的时候,瓦田寮住的付姓人家就已经在此定居,两个村落文化习俗几近相同。历史上,两个家族几百年来和睦相处,如同兄弟,人民公社时期更是一起分编到了云台一队、云台二队两个生产队。在云台村人心中,他们跟瓦田寮村人有天生的亲近感。

> "我们以前就是一起的,就是一个自然村、一个生产队。但是后来,可能是他们还是感觉自己是一个家族,想自己成立一个生产队,就单独成了一个生产队。但是直到现在,我们还是一起的,有什么红白喜事,我们都是会过去,他们也会过来。其实就像是一个村子里的兄弟,我们也从来没有把他们当外人看的。"①

早在新农村建设之初,刘常委就根据试验区总体规划方案提出将瓦田寮的几十户人家并入云台,先在较小的范围内探索集中居住的有效形式。在宅基地方面,云台为他们留出宅基地,引导他们到云台盖新房子,这样也方便他们共同享用云台较为完善的公共设施。农村土地方面,在土地确权的基础上,瓦田寮合作社并入云台农民经济合作社,土地由合作社统一经营。尤其是水田部分,可以一起与华琪生物科技有限公司合作,打造云台生态村项目。

正是因为两个村民小组之间的这种政治、经济、文化等方面的

---

① 访谈记录:DTC,GGX,2014年2月26日。

历史渊源，新的调整方案并没有引起云台人的反对。对于大家而言，这或许就像是久别的兄弟再次重逢一样，云台村民表现出的是一种乐见其成的态度。当然，云台人的这种态度的形成也在于他们对于村委会规模调整的不在意，云台人在村委会规模调整中表现得非常淡定，或者说是漠然。

2．"愿意怎么搞就怎么搞"

按照改革文件要求，村委会的调整方案需要召开村民会议进行表决，并且要有村民会议表决签名记录。但在具体的操作过程中，则是由政府在征求村（社区）意见的基础上制定村委会调整方案，然后由各个村民小组组长挨家挨户签名。云台村的签名工作自然由吴国星负责，笔者幸运地参与观察了整个过程。

在整个签名过程中，笔者十分留意每一个村民签名时的表现。有意思的是，绝大多数村民都是一副不在意的样子。大多数人也不怎么问，就直接签上了名字；有的会问一句什么事，然后也就一知半解地签上了名字。让笔者记忆深刻的是村民吴新华，当时他端着饭碗蹲在路边吃饭，在听明白了为什么签名之后，边嘟囔着"你们愿意怎么搞就怎么搞，有什么用处呢"，边在上面签上了自己的名字。整个签名的过程没有一个村民提出异议，也没有村民对于重新调整村委会的方案进行任何讨论。在大家看来，这或许就是一件事不关己的例行公事。

> "这个东西没有多少村民在意的，又没有什么影响，你说有什么影响呀？该怎么生活还是怎么生活，该过什么日子还是过什么日子。这都是上边的事情，对于村里没有多大影响。其他村也是这样的，我去交表的时候，都已经签完字了，哪有什么反对的呀。"①

———————

① 访谈记录：DTC，GGX，2014 年 1 月 10 日。

以上这段访谈内容只说对了一半,对于普通村民而言,的确这是一件寻常的事情,与他们的关系不大,但是对于村里想成为村干部的精英阶层而言,这却是一个千载难逢的机会。令吴国星始料未及的是,不久之后,一场前所未有的激烈选战就在这个小村落里拉开了序幕。云台村的这场选战不仅在云台村历史上前所未有,选情的激烈程度和选举的戏剧性变化在整个试验区范围内也是堪称经典,笔者认为,对这场选举的参与式观察甚至都可以形成解读中国基层民主的典型样本。

三　推动改革实践的乡村建设试验

云台村的村民自治重心下移改革是与新农村建设紧密相连的,村民自治重心下移改革为新农村建设提供了组织基础,新农村建设为村民自治重心下移改革提供了实践平台,两场向下要力的改革在云台村交汇,共同改变了云台村的发展轨迹。整体看来,云台村新农村建设是一场政府主导、农民主体的新农村建设,在这场改变了云台村发展轨迹的改革中,政府主导的力量得到了彰显,农民的主动性与积极性得到了最大程度的挖掘,同时还有社会力量的介入。但不可回避的是,在云台新农村建设中,政府逻辑与社会逻辑以及市场逻辑存在着内在的张力,农民在这场规划性的社会变迁中只是发挥了补充性的作用,而无法主导整场建设的推进。

(一) 共建生态新村

新农村建设最好是建立在农民需求的基础上,有农民的参与,不求形式,但求实质性的改变。① 但云台村的新农村建设却呈现出另外一种走向,这种走向从最初的新村规划中就开始呈现出来。云

---

① 孙立平:《重建社会:转型社会的秩序再造》,社会科学文献出版社 2009 年版,第 270 页。

台村村居建设规划方案在政府主导下先后邀请了 3 家设计单位，几易其稿，最终的方案由一般性新村建设提升到了打造旅游新村的高度。设计方案在追求完美的过程中也就越来越脱离了农村的实际，也逐渐偏离了可借鉴、可复制、可推广的建设初衷。2014 年云台新农村建设主体工程基本完成的时候，笔者与新当选村支部书记也有一段很有意思的对话。

　　问："现在很多人都说我们云台村建设太超规格了，尤其是杂物房，一个养猪、养鸡、放杂物的地方，盖得太豪华了。文化室也是，造价太高，跟我们村现在的情况不相称。是不是你们在讨论设计方案的时候没有想到这些呀？"

　　答："这事不能怨我们呀，这都不是我们决定的呀。我们那时候感觉第一个单位设计的就很不错。那你说是我们去北京找来的新设计单位吗？是我们要把杂物房、文化室建得这么好的吗？都不是呀。"

　　问："你们现在还挺有意思的，上面就说这个方案是你们村民的意思，你们却说这个方案是上面决定的。"

　　答："我说的是实话呀，我们哪里认得这些设计单位呀，还不都是他们找回来的吗？如果是让我们自己建设的话，我们肯定就是第一个方案呀，哪里还会搞得这么好。"①

　　村支部书记的话可以说是点出了村民自治的实质性问题，云台村规划乃至整个云台新农村建设实质上还是由政府主导的，这一点在后面的建设中表现得更为突出。如何发挥农民在新农村建设中的主体性作用是新农村建设过程中的重要探索内容，但农民的主体性作用的发挥往往又被有意无意地抑制住了。

————————

　　① 访谈记录：DTC，GZL，2014 年 4 月 20 日。

也正是因为新的规划已经超出了当地经济发展水平,所以"合力共建"的协商在云台村最终未能达成。最终还是政府做出了让步,文化室、杂物房、环村公路、篮球场、停车场、健身广场、村标、街道硬化、雨污分流等工程以及云台绿化、亮化、美化工程都在政府的财政支持下完成,外立面装修则因投入太大而无限期拖后。云台村最终也只筹到了两万多元的新农村建设专项资金。从这个角度讲,云台村向下要力的新农村建设试验应该说是未达其效。

在新村建设过程中,也有村民积极参与的一面,首先就表现在村庄公屋的修葺上。

> "我之所以让云台理事们自己来做公屋的重新装修,就是想引导他们主动地做点事情,引导他们参与新农村建设,并带领更多的村民参与村庄建设中。其实最主要的还是发挥他们的主动性,让他们自己尝试着以自治的方式进行新农村建设。当然了,先要从这种小事情做起。"①

这里所说的公屋就是村集体所有的两间房子,其中一间已经让出来给村里的"五保"老人住了,剩下的一间是村里的办公室,是村里人开会的地方。最为重要的是,这间公屋曾经是知青住的房子,里面的墙上写了很多毛泽东语录。在这样一个时代,还能有这样的笔迹遗留下来,自然也算是一件十分难得的事情。刘常委对此非常感兴趣,希望云台人能自己将这个小环境整理出来,作为村里的一个小公共场所。第一次的修葺是刘常委个人出资金,理事们出力,一起将房子修葺一新,这也成了很长一段时间宣传云台村新农村建设内生动力的重要佐证。但紧接着第二次更大规模的修葺却再也无法以义务劳动的形式实现了,而只能像政府工程一样采取项目

---

① 访谈记录: GWH, LEJ, 2013 年 10 月 12 日。

制的方式。

"做事又没有工资，那谁愿意免费干活呀？所以这次没办法呀，你要是不给钱你肯定喊不动他们的，我就把活包给了吴北燕。把整个院子收拾好，800块钱的工钱。他带着几个理事干的，最后一个人分了160多块钱。没有办法的，要不然就没人干的。"①

云台村村民新农村建设的积极性，还表现在村民盖新房的热情上。如上文所说，在新农村建设规划中，外立面装修是重要内容。与周围村民一样的是，云台人盖的新房都是两层半的楼房，但多数不是一气呵成，而是先修一层半，装修好了先住进去。攒够了钱再盖第二层，最后才进行外装修。而如果想分享政府外立面装修的红利，就必须先把两层半的房屋框架搭起来。正是在这一利益驱动下，短短半年多时间，云台村共有18户村民抢建房子，或是从头重建，或是加盖第二层。

"你上次还问我，为什么我天天哭穷，说我们村里人没钱，为什么现在家家户户盖房子，钱都从哪里来的？我也不知道是哪里来的，但肯定很多都是借的，都是以为可以免费地进行外立面装修，所以都赶紧借钱盖呀。"②

"从这件事也可以看出，其实新农村建设还是有很多微观的机制的，只要我们找准村民的利益关注点，就可以用少量的资金撬动整个社会的参与。你看，就是外立面装修这样一个环节，就能够吸引村民投入几万、十几万的建房子。"③

① 访谈记录:DTC, GGX, 2013年11月18日。
② 访谈记录:DTC, GSZ, 2014年3月12日。
③ 访谈记录:GWH, LEJ, 2014年5月20日。

(二) 创新经营体制

在新农村建设过程中,产业发展是整个新农村建设的基础与前提,也是新农村建设成功与否的重要衡量指标。对于一个传统农业地区而言,发展现代农业是云台村的最佳选择。而发展现代农业,除了改善农业生产的外部条件之外,还需要积极引导社会资本向农业投入,改造农村微观经济基础。[①] 云台村正是在这个过程中出现了政府逻辑与市场理性的冲突。

政府逻辑与市场理性的冲突首先表现在政府与农民之间。在与作为现代农业企业的广州华琪生物科技有限公司进行对接的过程中,从政府的角度讲,更希望双方能够达成合作关系,而不是单纯的租地关系,以便形成一个利益共享的农业经营模式。但对于村民而言,他们却更希望有一个保障性的收益,而不愿意冒任何风险。几次接触之后,双方进入了最后的洽谈与合同起草阶段。在最后一次理事会与企业的洽谈中,吴绍否代表村民提出了他们的条件:(1) 基本地租按照900斤稻谷每亩,每年公历年前拨款到云台合作社账户;(2) 合作社按照企业收益的10%参与年底分红;(3) 农业补贴属农户所有;(4) 土地租期为20年。

在这之前,试验区管委会为了在辖区内实现同地同酬,专门出台土地流转意见,规定水田流转价格为800斤稻谷。云台提出的900斤稻谷每亩的租金显然打乱了这一市场价格,将会对试验区下一步的土地流转工作造成影响。会议结束后,参加会议的肖组留了下来,给云台村理事们做思想工作。

"那天你们走了后肖组留了下来,他就是做我们的工作。说我们这样刘常委很难做,说好的是800斤谷子,这也是管委

---

① 徐勇:《国家整合与社会主义新农村建设》,《社会主义研究》2006年第1期。

会统一制定的标准。如果我们村打破了，以后其他村的工作就不好做了。其实我们也不是非要900斤呀，只不过说如果可以900斤的话，我们的工作肯定会更好做一点，比其他村多100斤，村民自然更愿意呀。我们也没有说必须这个价格呀，价格也都是谈出来的呀。肖组说得也在理。他就是说，刘常委对我们云台这么好，从感情上讲，我们也不能让他难做。他还是希望我们能让一步，按照管委会的文件来。"①

最终，云台村民在地租的问题上做出了让步，基本地租定为每年每亩地800斤稻谷，分红也改为固定分红，每年企业给经济合作社30000元，作为合作社的公用资金。不久之后，企业遵循市场规则追寻利润的初衷与政府打造改革亮点的逻辑发生了冲突。

"我们引进企业发展的产业必须有一个整体环境的打造，现代农业的发展不仅要有好的产品，更要有一定的可观性。所以，我们就希望在两季水稻种植的基础上种植一季油菜花。这样既充分利用了土地，又促进了云台村的景观再造与经济发展。"②

政府的发展思路在合作初期也得到蓝总的认同。于是，在签约后没多久，蓝总就出资购买了油菜花种子，在新整理的200多亩土地上进行种植。但对于油菜花的养护，蓝总却不愿意再投资。在提供了油菜花种子之后，蓝总就退出了对油菜花的管理。

"种油菜花对我没有什么好处呀，又没有什么收益。刘常委想得太简单了，他以为油菜花开完花之后就直接可以当作绿

① 访谈记录：DTC, GGX, 2013年11月12日。
② 访谈记录：GWH, LEJ, 2013年11月13日。

肥还田。怎么可能呢，这里面还要有一个发酵的过程，很复杂的。油菜花直接还田是不行的。"[1]

显然，与以菜籽油为主要食物油的四川、湖北、江西等地相比，单纯为了旅游而大面积种植油菜花显然不是理性的选择，也难以形成较大的规模与长效的机制。到了2014年春天，当油菜花的存在影响了企业水稻种植的时候，蓝总毫不犹豫地将还在盛开的油菜花全部铲除。当然，市场逻辑与行政逻辑的冲突不仅表现在油菜花种植上面，也表现在了合作的很多方面。从生产的角度而言，企业更多地会从节约成本、增加效益的角度考虑问题，而政府则更加追求可观性、可宣传性，更加注重项目的美观。

（三）变革产权制度

近年来，由于经济衰败，农村同样经历着一个社会衰败的过程，现在很多问题可能已经处于不可治理的状态，因为基础的支撑因素在丧失。很多制度的失败，原因其实并不在制度本身，而在于制度之外。因此，新农村建设应该包括基础性制度的重建。[2] 云台村新农村建设过程中也推进了诸多制度创新，但政府主导的创新最终未能为乡土社会所认可、接纳，甚至引发了抵制情绪。

2013年下半年，管委会起草了《云台集体建设用地改革方案》，但这一方案在讨论的过程中就遭到了云台理事会成员的抗拒，"一户一宅"难以落实，改革最终也是不了了之。

"我们肯定需要宅基地呀，要不儿子长大了怎么办，盖房子盖到哪里呀。将来过几年村里面肯定还要批宅基地的，总是

---

① 访谈记录：HQS，WKJYXGS（公司名称），LYL，2014年2月3日。

② 孙立平：《重建社会：转型社会的秩序再造》，社会科学文献出版社2009年版，第270页。

要盖房子的呀。要是说以后不分宅基地了，村民肯定不同意的。"①

"我们不用确认也知道的呀，哪个宅基地是哪一家的，村里人都很清楚的。即便是测量了，也不能对外卖的呀。"②

几乎同时，云台村驻村工作组专门召集云台村理事们召开理事会会议，讨论村庄土地改革以及合作社分配方案。按照现代产权理论，农民以土地入股经济合作社，并按股取得年底分红。但是在云台村，集体经济的制度以及朴素的平均主义思想影响较重，大家还是倾向于按照集体经济的规则进行分红。对于按照股份分红的方案，大家都难以接受。

"我们就是按照当年人口数进行分红，户口出去了的就不再分红。如果结婚了，户口仍在村里的，也不给予分红。"

"你都出去了，说明你很厉害，还回来分红干什么？在家里待着的都是出不去的，你还回来争这点分红？"

"那人家生了的需要吃饭，你不给人家分红，死了的却还有分红，这多不公平呀！"

理事们在会议上七嘴八舌，都是充满了集体主义思维的表态。反对声最强烈的是监事长吴绍否，这也是这件事情中最有意思的地方。

"否叔，我跟您说，谁都可以反对，您不能反对。您想想，您三个闺女，现在如果把股份确定下来，您一家人有五股，无论您的女儿将来嫁到哪里去，你都按照五股的份额分红。而如

---

① 访谈记录：DTC，GGX，2013 年 11 月 4 日。
② 访谈记录：DTC，GGX，2013 年 11 月 4 日。

果是按照当年的人口数分红,您女儿嫁走之后,您岂不是少了三份分红。"

"那也不行,我们就是靠着家里孩子多的帮着给那些地多的农户施压,大家才同意都把地流转到合作社来。你现在不给人家平均分红,那谁还支持我们呀?"

云台的杂物房建设最终还是全部由政府投资,原因也是如此,杂物房对于村民而言也就成了免费的午餐。这也就导致了很多"五保"老人也出来要求分配杂物房。由此,如何更为有效地使用杂物房也成为要思考的问题。

"你们想想,村里的老人哪里需要什么杂物房呀,我们能否重新调整一下杂物房的分配。杂物房肯定要确权到我们合作社,农民只是有使用权。我们能不能变无偿使用为有偿使用,每年收一定的租金,这样,也可以把杂物房配给最需要的农户,他们可以搞些养殖之类的。这样我们集体也可以有另一笔的收入。"[1]

管委会还是想让整个杂物房的使用市场化,从而发挥它的最大作用,同时也可以为集体经济的发展开拓新的路径。但在理事们看来这显然是行不通的。

"这肯定不行的,村民肯定不同意的。当初是拆了人家的杂物房的,现在盖的杂物房就是为了补上人家之前的杂物房。你现在要收费,村民怎么会同意呢?肯定不会同意的。这也是基本的道理呀。再说,现在又要收费,我们岂不是说话不算话

---

[1] 访谈记录:GWH, LEJ, 2013 年 12 月 4 日。

呀？那以后村民怎么会还信我们的话呀？"[1]

虽然充满了质疑与不解，但是村里人还是有他们的智慧。最后，他们决定，每年每间杂物房收取20元租金。显然，这个决定是村里人想出来应付的，而这样一个解决方式也很显然没有达到预期效果。最终的结局不是村民自愿的，也没有达到以市场化的手段激活村庄资源的目的。整个云台村新农村建设在激活基层活力方面出现的这种情况其实并非个案，甚至于早在梁漱溟进行民国乡建运动时就已经遇到了这样的问题。

> 本来最理想的乡村运动，是乡下人动，我们帮他呐喊。退一步说，也应当是他想动，而我们领着他动。现在完全不是这样。现在是我们动，他们不动；他们不惟不动，甚且因为我们动，反而跟他们闹得很不合适，机会让我们作不下去。此足见我们未能代表乡村的要求！我们自以为我们的工作和乡村有好处，然而乡村并不欢迎；至少是彼此两回事，没有打成一片。[2]

（四）理顺村级组织

在云台新农村建设过程中，最大的挑战是如何激发农民建设新农村的内生动力，从而发挥农民在新农村建设中的主体性作用。在整个新农村建设中，政府工作人员也在致力于发掘并培养这种内生动力。但理想与现实之间总是存在一定的距离，有时甚至是不可逾越的鸿沟。在云台新农村建设过程中，非但筹资成了困难，筹劳也难以实现，甚至在理事中间也是如此。云台村的理事在建设过程中做了很多的工作，花费了很多的精力，但是，云台理事也都有自己

---

① 访谈记录：DTC，GGX，2013年11月4日。
② 梁漱溟：《我们的两大难处——二十四年十月二十五日在研究院演讲》，《乡村建设理论》，上海人民出版社2011年版，第402页。

的考虑,他们说得最多的其实还是"工资"。

"我们也有老婆孩子要养活呀,天天跟着做事,一分钱都没有,你说我们怎么干呀,老婆都在家里骂我们呀。关键是村民还不理解,还以为我们赚了很多。你说,现在出去打工一天也有一百多块钱呀,我们这样连盒烟钱都没有的。"①

对此,政府工作人员则是更多地希望他们能有大局观,从长远利益出发,而不要盯着眼前的小利益。

"我们现在云台发展还没有很大起色,所以更多的还是要靠大家的奉献,等我们云台村的建设有眉目了,集体经济搞上去了,我们肯定要考虑大家的待遇问题。也只有把集体经济搞上去了,村民们才信服我们,到那个时候给大家发工资也是情理之中的事情。所以我们一定要往长远看,不要只看眼前的这点利益。"②

上面的话固然有道理,但理事们却有自己的考虑与自己的逻辑。尤其是随着云台新农村建设初见成果,前来参观考察的也日益增多,云台理事甚至每天都会接待三四拨的人,这一方面让云台人不胜其烦,另一方面也让他们逐渐地悟到了其中的问题。

"他们呼啦呼啦地就来了,一来就让我们理事们去座谈,座谈一上午就走人了。你想想,他们都是吃公家饭的呀,下来调研什么的就是他们的工作,可我们不一样呀,我们还要挣饭吃呀。我们陪着他们一拨又一拨的,可到头来,他们照样可以

---

① 访谈记录:DTC, GLX, 2013 年 11 月 12 日。
② 访谈记录:GWH, LEJ, 2013 年 10 月 12 日。

领一个月的工资，我们还得回家吃饭。这么长时间以来，就只有组织部的何部长说我们不容易，开完会后请我们吃了顿饭，其他的什么都没有的，开完会就走人，我们还得回家做饭吃。"①

四　实现基层重构的村级换届选举

2014 年村（社区）"两委"换届选举是清远市村民自治下移改革的重要节点，新的村委会将以这次换届选举为契机正式成立，从而构成"乡镇政府—片区党政公共服务平台—村委会"的基层治理层级架构。正是在这次具有里程碑意义的换届选举中，云台村一改之前村民小组组长选举时的政治冷漠，几方势力相互争夺、合纵连横，选情变幻莫测、跌宕起伏。最终，云台村选举还是在基层政府的干预下"顺利"完成，云台村政治也进入了一个新的发展时期。在这场选战中，我们可以清晰地看到乡村社会中公域和私域的重叠。理论上，村庄选举是造就公共关系并排除私人关系影响的典型事件。只要有真正的选举存在，结果就取决于公共关系而非私人关系，因为运用私人关系操控的成本非常巨大，②但云台村在选举中呈现的却是另外一种景象。

（一）选举委员会选举

作为清远市三个乡建试点镇之一，石角镇的村（社区）"两委"换届选举也必须与全省换届选举的时间保持一致，即在 4 月 20 日之前完成换届选举工作。正式的换届选举工作是从 2 月底开始启动的，然而在正式选举之前，云台村早已经是"山雨欲来风满楼"，参选各方开始了积极备战，并掀起了舆论风潮。

---

① 访谈记录：DTC，GLX，2013 年 12 月 18 日。
② 张静：《现代公共规则与乡村社会》，上海书店出版社 2006 年版，第 161 页。

表4—5　　　　　　　　云台村"两委"换届选举竞选人员情况

姓名	性别	年龄	基本情况
吴国星	男	44	合作社理事长,已连任四届村民小组组长
吴绍否	男	52	合作社监事长,已连任两届村民小组副组长
吴北燕	男	63	合作社理事,曾任合作社副社长、村民小组副组长
吴志流	男	49	合作社理事,曾任两届村民小组副组长
吴林新	男	41	合作社监事
吴伟国	男	45	里水村计生专干
吴绍明	男	61	曾任大队团委书记、生产队队长
吴武福	男	48	村民

　　就在村庄舆论满天飞的时候,私下的拉票现象也已经开始展开。更能体现竞选者政治智慧的是,村里追逐"最高权力"的选举同盟也悄悄地结成。参选的吴志流、吴北燕、吴林新私下结成了选举同盟,各自在自己的家族内部相互帮忙拉选票,以保证3个人在村委会选举中同时胜出。对于云台村这样一个仅有80多户的小村落而言,3个家族的联盟无疑可以保证3个竞选者立于不败之地。就这样,小村落里一场透着诸多政治智慧的选举即将拉开帷幕,村民自治重心下移改革开始在云台村上演一波三折的选战。旁观的笔者与吴国星在那个关键的时刻有一段简短的对话,这样一段对话中呈现出来的是传统魅力型领导的心境与落寞。

　　甲:"星叔,最近你没有听到什么风声吗?"

　　乙:"什么风声?你说选举呀。我知道呀。"

　　甲:"你知道?你知道你还不去走动走动呀,至少你这一家子人的你要打个招呼呀,我们老家那里选举之前也要晚上拿着手电筒各家各户地串呢。"

　　乙:"村民选我就干,不选我就算完。拉选票选出来的干部那还算什么干部呀?那个干部当着还有意思吗?"

甲："可是一些人是这样的呀。"

乙："别人怎么样我不管，反正你说，靠拉选票选出来的干部当着有意思吗？那人家村民想选谁就选谁的嘛。我知道他们的心思，主要是以为这次的干部有工资了，所以都出来争了。我无所谓，谁愿意当谁当，这一年下来我都头疼的，我也不想干了。你说的别人早就告诉我了呀，他们那三个人就是那样的，他们愿意干就他们干喽，我无所谓的。"①

这样的一番对话，让笔者看到了一个农村本分人、一个具有宗族社会传统操守的人。云台村的"两委"选举最终还是拉开了帷幕，第一场是选举委员会选举。意料之外，却又是情理之中，云台村成为里水片区唯一一个未能一次性选出选举委员会的村庄，问题的症结出在了选举的程序上。

在村委会下移到自然村之后，村委会的选举程序还是套用了以前行政村村民选举的全套程序。显然，在村民自治重心下移这样一场旨在重构基层治理模式的改革面前，基层的思想转变与改革创新是严重不足的。按照一贯的做法，在村民委员会选举委员会委员之前，里水村党总支于2014年2月28日给出了一份建议名单。

表4—6　里水云台村第六届村民委员会选举委员会成员建议名单

主任	吴国星
副主任	吴绍否、吴伟国
委员	吴志流、付兴河、吴绍明、吴北燕

3月3日晚，里水片区7个新的村委会同时启动选举委员会的

---

① 访谈记录：DDC，GGX，2014年2月26日。

选举,整个选举由石角镇政府统筹。选举还未开始,选举委员会成员建议名单就遭到了吴林新等的反对,他们认为选举应该采取海选的方式。吴林新的反对得到了一些群众的支持,当晚的选举就此流产。云台成为当晚里水片区 7 个村委会中唯一未能顺利选举出结果的村庄。先进村、示范村在选举伊始就出现了状况,这也是石角镇政府所始料未及的,这让他们不得不提高对云台村委会选举的重视程度。

3 月 4 日晚,云台村重新召开村民大会,选举村民委员会选举委员会委员。这一次,石角镇书记、镇长以及里水片区党总支书记都亲自到场指导,石角镇政府另有五六名干部到场参与选举组织工作。会议一开始,书记就公布了新的村民选举方案,由于当晚只是云台村民小组的人参会,因此选举委员会少选一名委员,由瓦田寮村民小组选举。云台当晚以海选的方式选举 6 名选举委员会委员与 8 名村民代表。书记话音刚落不久,吴北燕主动举手发言,并提出了自己对于选举办法的建议。

云台村选举委员会选举办法

1. 选举按照 1 户 1 票;

2. 每张选票直接写八个人;

3. 得票前六名为选举委员会委员,得票由高到低依次是主任、副主任、委员;

4. 选举委员会委员与得票排第 7、第 8 名者为村民代表。

吴北燕的建议得到了大多数村民的赞同,这样选举比较直接,一轮投票即可得出结果,在场的领导也表示认同。于是,云台村就依照这个规则进行了选举。

表4—7　　里水云台村第六届村民委员会选举委员会选举得票情况

姓名	得票	姓名	得票
吴林新	37	吴绍明	19
吴北燕	36	吴金水	19
吴志流	30	吴国星	16
吴绍否	26	吴武福	16

从表4—7这份选票名单上也可以看出，结为选举联盟的吴林新、吴北燕、吴志流在得票上遥遥领先，他们也成为当晚选举的最大赢家。而且更为重要的是，在即将成立的云台村委会中，将共有5名委员，其中，瓦田寮委员一名，妇女主任一名。也就是说，真正从云台村通过选举选出来的村委会委员将只有3个人。无疑，如果能够保持这样的选举态势，他们3个人将成为最后的获胜者。

（二）村委会候选人选举

云台村选举委员会选举结果如同一道惊雷迅速地传开，尤其是在试验区管委会工作人员之间引发了激烈的讨论。虽然这只是选举委员会的选举，并不意味着最后的结果，但是现在的选情显然对吴国星非常不利。照这个形势发展下去，吴国星是很难在最终的选举中胜出的。此时，大家讨论最多的是应不应保住吴国星、如何保住吴国星。也正是在此时，笔者才真正地体会到了基层干部对待村民选举的态度，以及他们对基层选举的掌控能力。

对于吴国星的竞选劣势，管委会的肖组也表达了自己的看法。肖组之前负责云台村的土地流转等事宜，对云台的村干部也都比较了解。

"吴国星就是个老实人，你明显就看出来了，其他人就是想得利益的。那这个时候，就必须得保住吴国星，就是去支持他竞选。这个时候一定要保住他，要不就是让平时干事的人关键时候寒心,以后也就不会有人跟着你走了。"①

选举进行到现在,刘常委也淡定不下来了,现在的情况是他最不愿意看到的,有可能让他付诸心血的云台建设大打折扣。按照选举程序,选举委员会成立之后,首先由村民代表选举村委会候选人名单,也就是由云台村民小组 8 个村民代表以及瓦田寮的 2 个村民代表一起选举产生 5 个村委会成员候选人。就在村委会委员候选人选举的晚上,刘常委不请自到,早早地到了云台的公屋,参与了云台村晚上八点钟召开的选举会议。

"今天晚上大家在这里选举,我只是过来看一下,我不干扰你们的选举,这是你们村民自治的内容。今天晚上我只观摩,不发言。"②

话虽是这样说,大家看到刘常委的表情,加上他之前一贯的反对态度,也都大致了解了刘常委的态度。一时间,大家也都不敢言语了,会场陷入了尴尬的气氛。

"既然大家都不说,那我就在你们开会前说几句。我们云台走到今天不容易,我们有了这样一个机会,一个周围村都羡慕的机会。我们能有今天,也是在座的各位共同努力的结果。我们就是一个理事会,理事会就是我们的领导核心,吴国星就是这个核心的头。说到吴国星,我想问问大家,吴国星这个理事长当初是不是我们选的,我们选他就代表着我们信服他,那现在又是怎么回事呢?"③

---

① 访谈记录:GWH, XBX, 2014 年 3 月 5 日。
② 访谈记录:GWH, LEJ, 2014 年 3 月 5 日。
③ 访谈记录:GWH, LEJ, 2014 年 3 月 5 日。

就在刘常委说这话的时候，意外发生了，年长的吴绍明突然说了一句"理事长不是选的"，这句话一下子也让刘常委蒙住了。"第二次的理事长就是选的，第一次的理事长就不是选的"，吴金水补充了一句。

他们提出来的其实是当初选举的一个程序问题，第一次的理事会选举是指试验区管委会主持的云台经济合作社理事会选举，当时是在吴国星提出的建议名单基础上召开村民大会，以鼓掌通过的方式产生的理事会，包括理事长吴国星本人。第二次理事会选举是指石角镇主持的村民理事会选举，是按一人一票的方式选举产生的。可以说，这是吴国星的反对者们非常有力的反击，当初选举的不规范直接成了他们质疑选举结果的重要依据。坦率地讲，这不是吴国星的问题，当初无论以什么样的程序来选举，理事长的结果都会是一样的。但是，程序正义决定结果正义，云台村村民已经开始有意无意地从选举程序的合法性上审视选举的结果，或者说，他们已经开始学会从程序的合法性上质疑选举结果。

> "不管以什么的形式，都是大家选出来的，一人一票是一种选举，鼓掌通过大家当时也没有反对意见呀。我还是那句话，我们云台无论是过去，还是现在，还是将来，只能有一个核心。你搞出那么多组织，那么多头，将来村民听谁的呀？村民有个什么事找谁呀？你们说是不是呀？好了，我不多说了，不影响你们开会了，你们接着开会，接着选举，我先走了。"①

就在当晚，选举委员会的主任吴林新打过来电话，说他们决定不选了，他们坚持以理事会为核心领导新农村建设。显然，这是一次在感情基础上的行政干预，云台人在情感与权力的双重压力下妥

---

① 访谈记录：GWH，LEJ，2014 年 3 月 5 日。

协了。

但是,这一决定却很快被否决,石角镇政府要求还是要按照选举程序来。很快,云台村委会选举委员会就选举出了村委会委员候选人。跟预料中的一样,吴林新、吴北燕、吴志流胜出,他们将与瓦田寮的付兴河以及另外一名女委员共同进入候选人名单。

(三) 村委会换届选举

3 月中旬之后,云台村村委会选举只剩最后一场,那就是最为重要的村委会的选举。在正式的村委会选举之前,村内的紧张气氛就已经达到了顶点,石角镇与试验区管委会对云台选举的关注与重视程度也不断加大。然而就在这样一个关键的时刻,云台选举却出现了极具戏剧性的转机。

云台选举的转机源于竞选联盟的内讧。在村委会选举委员会选举产生的村委会委员候选人中,结盟竞选的吴林新、吴北燕、吴志流都顺利入选,成为将来进入云台政治核心的热门人选。但是紧接着新的问题产生了,核心集团内部对于谁来当主任的问题产生了不可调和的矛盾。最终,在吴北燕和吴志流就谁当主任的问题争执不下的情况下,竞选同盟最终破裂。

吴志流与吴林新开始主动拉拢吴国星,希望三个人形成新的联盟。由此,整个选举的局势直转急下,发生了重要的逆转。也就是恰在此时,刘常委再次产生了救场的念头。当时的选举已经把云台搞得一团糟,尤其是在理事之间,形成了很大的隔阂。云台何去何从,依旧是刘常委非常关注与思考的问题。因此,在这个关键的时刻,刘常委的意愿与村内主要竞选人员的诉求重新汇聚到了一起。新的竞选同盟为了积极寻求刘常委的认可与支持,专门拜会了刘常委。

为了保证吴国星在合作社理事会的选举中胜出,顺利当选理事会的理事长,他们还在选举的程序上进行了提前设计与安排。选举联盟的设想中充满了选举的"智慧"，他们在云台第一次的村委会选举中就已经学着运用选举的技巧取得预期的选举效果。

> "估计由村民直接选，国星不一定能够拿到最高票数，我们就想着先直接由村民选举出八个人，作为合作社的理事和监事。然后在我们八个理事与监事再选举理事长和监事长。这样在我们八个人中把国星选出来，就更有把握一些。"①

所有该考虑的换届他们都考虑到了，该说的也都说了，刘常委自然也就没有什么意见，这显然也是当时较好的方案了。

> 甲："那还需要我为你们做什么吗？"
> 乙："不用啊，只要您同意就行了，剩下的事情我们来做就行，村民那边的工作我们能做好。"②

吴志流临走时的这句话很自信，也很自然。但正是他这份自然与自信对村民自治以及基层民主做了一个全新的注解。

第二天下午，对云台选举依旧存在顾虑的刘常委决定还是再确定一下，以防再出现什么纰漏。

（四）村级组织选举

3月28日，云台村村民选举正式举行。作为新农村建设的示范村、村民自治重心下移的试点村，又是市委书记挂党支部与合作社的村，云台的选举受到了各界的高度关注。选举当天，市委组织部副部长在县委组织部及石角镇领导的陪同下对云台选举进行了现场观摩。与其他流程一样，整个选举过程还是套用了行政村选举的程

---

① 访谈记录：DTC，GZL，2014 年 3 月 18 日。
② 访谈记录：DTC，GZL，2014 年 3 月 18 日。

序,甚至在一个集中居住的自然村也还是采用了固定票箱与流动票箱相结合的方式。在经过紧张的计票工作之后,云台村第一届的村委会顺利产生了。接下来的几天,云台村党支部、云台村经济合作社的领导班子也相继产生。至此,云台整个组织体系搭建了起来。在一个不足百户的自然村落里,形成了四套组织体系。

表4—8 云台村党支部委员情况

职位	姓名	基本情况
书记	吴志流	原村庄理事会理事
委员	吴国星	原村庄理事会理事长
委员	吴伟国	里水片区党政服务站计生干事

表4—9 云台村村委会委员情况

职位	姓名	基本情况
主任	吴志流	原村庄理事会理事
委员	吴林新	原村庄监事会监事
委员	吴国星	原村庄理事会理事长
委员	付兴河	原瓦田寮村民小组组长
委员	冯青梅	原普通村民

表4—10 云台村村民小组组长、副组长情况

职位	姓名	基本情况
组长	吴绍否	原村庄监事会监事长
副组长	吴坚强	里水村卫生站医生

表4—11 云台经济合作社第二届理事会、监事会情况

职位	姓名	基本情况
理事长	吴国星	原村庄理事会理事长
理事	吴林新	原村庄监事会监事

续表

职位	姓名	基本情况
理事	吴绍否	原村庄监事会监事长
理事	吴金锐	原为普通村民
理事	吴武福	原为普通村民
监事长	吴志流	原村庄理事会理事
监事	吴坚强	里水村卫生站医生
监事	吴绍明	原云台生产队队长

云台村村民自治重心下移最终以这样一个各方相对能够接受的结局结束。当然，能有这样的一个结局已经实属侥幸。一年多的改革与建设在实现了村庄迅速变迁的同时，也冲击并撕裂了这个传统的村落，换届选举后的村落重新走向了艰难的弥合过程。

五　走向悖论的自然村自治行政化

任何人类制度的发展都是难以观察的，制度变迁的节奏是缓慢的，要清楚地看到一个新制度对文化和行为产生显著的影响，常常需要经过几代人的时间。转瞬即逝的潮流和个体参与者的怪异言行都可能掩盖更深刻的发展趋势。[①] 但是，一些显而易见的问题与趋势却是可以在改革过程中观察并修正的。清远村民自治重心下移，最终还是由自治机制的下移演变为自治组织的下移，这场以激活基层自治资源为目标的村民自治重心下移改革也就由此成为一场村委会下移的改革。这其实也正是一直以来十分关注清远改革的徐勇教授所担心的。早在2014年2月，徐勇教授在参加清远改革论坛时就已经指出：要尽可能发育内生型社会自治组织，使自治村回归到自治。行政组织越精练越好，实行简约化治理。我们现在的行政组

---

① ［美］罗伯特·D. 帕特南：《使民主运转起来》，王列等译，江西人民出版社2002年版，第200页。

织太发达,架构太庞大,建立很多组织,但是不起作用。行政组织越简约越好,自治组织越多样越好,这个方向一定要明确。如果我们的村委会下沉到自然村,仍然把原来那套组织机制搬下去,就没有什么意义了,那确实是增加行政管理成本。

(一) 多头领导

云台选举之后,村庄内部形成了四套班子。理论上讲,根据不同的职位职责,各个组织之间有一个大致的分工,经济事务主要是以合作社理事会、监事会为主体,两个村民小组共同的事务就是由党支部、村委会负责,云台村内部的事务等则主要由村民小组组长负责。但是,在具体的村庄权力运行过程中,却无法较好地理顺各个组织之间的关系。

1. 钱从哪里来

在云台村,一直存在两个账户:一个是原来云台村民小组的账户,一个是云台经济合作社的账户。长期以来,管委会一直想让两个账户合并,让村民小组自然消亡。但在这次的村民自治重心下移改革中,村委会之下仍旧设置了村民小组,这也就为村民小组的账户保留提供了充足的理由。

> "这样也好啊,以后我们经济上的往来就走合作社的账户,包括每年村民的分红之类的。村民小组那个账户也留着,现在里面的钱主要就是我们那年捐的款,还有几千块钱,就由村民小组组长负责用来做一些公益事业。如果钱花完了,也可以再在村民中间筹集。"①

问题的关键是,村民小组有自己的资金,合作社也有自己的账

---

① 访谈记录:DTC,GZL,2014 年 4 月 25 日。

户，而且这两套班子都是云台村民小组或者说云台经济合作社内部的组织，治理单元与产权单元是一致的，自然比较好运作。但是党支部、村委会的钱从哪里来？党支部与村委会都是云台村民小组和瓦田寮村民小组共同的，在政府不拨付任何经费的情况下，其运作经费理论上也应该是从两个村民小组提取。但是，如何提取，能否提取，这些问题的后面都是一个个大大的问号。而如果没有基本的运行经费，党支部与村委会无疑将成为一个空架子。

作为刚刚当选的村干部，其实云台四套班子的人员更为关心的还是个人的经济补贴。在云台自然村内部，四套班子共有 10 名干部，10 名干部又分属于不同的组织，不同的组织还具有不同的资金来源。要不要发补贴，给谁发补贴，如何发补贴，发多少补贴，都成了村干部内部纷纷扰扰的难点问题。在佛冈县的总结报告中，也提及了基层党组织运行经费的问题。《佛冈县完善村级基层组织建设推进农村综合改革试点工作总结报告》中提到：要明确是否安排村党支部书记岗位补贴费。市指导组口头曾提到村党支部书记原则上按照每人每年 2400 元的标准给予岗位补贴。目前，基层干部经常问及这个问题。如我县 78 个片区服务站成立党总支，下辖党支部约 594 个，按党支部书记每人每月 200 元，财政每年约支付 143 万元。建议市委明确是否有这笔经费，如果有，要明确市县分担的比例。

显然，这一改革理念中也是存在较大问题的。首先，在党组织内部，党支部书记有一定岗位补贴，支部委员却没有任何待遇，缺乏实操性。其次，在云台村内部，党组织有自上而下的固定经费补贴与岗位补贴，自治组织等却只能依靠朝不保夕的自筹务工经费，自然是有失公允。再次，党组织内部的经费划拨却是市、县两级财政分担，显然也不符合现代政治伦理。对于村干部的待遇，刘常委有着自己的思考。

"我们现在云台发展还没有很大起色，所以更多的还是要靠大家的奉献，等我们云台村的建设有眉目了，集体经济搞上去了，我们肯定要考虑大家的待遇问题。也只有把集体经济搞上去了，村民们才信服我们，到那个时候给大家发工资也是情理之中的事情。所以我们一定要往长远看，不要只看眼前的这点利益。"①

刘常委的话固然有道理，但理事们却有自己的考虑与自己的逻辑。尤其是随着云台新农村建设初见成果，前来参观考察的也日益增多，云台理事甚至每天都会接待三四拨的人，这一方面让云台人不胜其烦，另一方面也让他们逐渐地悟到了其中的问题。

"他们呼啦呼啦地就来了，一来就让我们理事们去座谈，座谈一上午就走人了。你想想，他们都是吃公家饭的呀，下来调研什么的就是他们的工作，可我们不一样呀，我们还要挣饭吃呀。我们陪着他们一拨又一拨的，可到头来，他们照样可以领一个月的工资，我们还得回家吃饭。这么长时间以来，就只有组织部的何部长说我们不容易，开完会后请我们吃了顿饭，其他的什么都没有的，开完会就走人，我们还得回家做饭吃。"②

从新农村建设伊始，理事们积极地在理事会的平台上带领全村人民推进新农村建设，除了一颗公益心之外，大多也还是有个人经济上的考虑与期待。可是直至新的村委会产生，经费的问题都没有解决，村干部们的工作积极性逐渐减弱。

2. 活由谁来干

云台村各个组织之间有一个大概的分工，但各个组织之间的人

---

① 访谈记录：GWH，LEJ，2014 年 4 月 25 日。
② 访谈记录：DTC，GLX，2013 年 12 月 18 日。

员是交叉任职的, 村内的很多事务也难以分清到底属于哪一个组织。比如说, 村民小组与村委会的职能界限如何区分, 村民小组组长与合作社理事长的职权范围如何界定, 等等。很长一段时间以来, 云台经济合作社理事会也代行自治甚至行政职能, 所以短时间内要形成一个明确的分工存在较大的难度。

> "我们就这么大一个村子, 就那些事情, 哪能分得清楚呀? 很多事情就都大家一起干喽, 反正都是为了村民, 都是为了我们云台村将来的发展。大家在一起多干一点、少干一点也都是无所谓的呀。"①

村支部书记吴志流的话也有一定道理, 但"大家一起干"在短期内可能成为一个很具有号召力的口号, 长期来看却缺乏操作性。干活就要给钱, 干活就要有待遇, 这是经济尚在发展中的云台村民最基本的价值认知。如果有经费支撑, 或许多干少干还可以商量; 但如果没有经费支撑, 村庄公共事务无疑将陷入相互推诿扯皮的境地。云台新农村建设之后, 村庄的环境焕然一新, 崭新的建筑, 完善的设施, 怡人的绿化, 这些都让云台村发生了质的变化。但与此同时, 这些也需要更多的维护。

> "文化室那么大, 上下两层, 我们理事会几个人一起做, 拖个地也要半天呢。所以平时都不想进场使用, 用的时候是很方便、很气派, 但是打扫起来太费劲。再就是那些草坪, 很快就长满了杂草。你想想, 谁来拔草呀? 现在的村民, 自家地里的草都不想去拔, 还会拔公家草坪里的草?"②

---

① 访谈记录: DTC, GZL, 2013 年 4 月 25 日。
② 访谈记录: DTC, GGX, 2013 年 11 月 12 日。

　　公共空间的维护一开始就是一个很大的问题,也是新农村参与各方共同关注的问题,其中,刘常委非常希望能够从村庄的传统宗族自治往外延伸,进一步拓展乡村自治的范围,解决农村的公共空间维护问题。

　　"我们都说了好几次了,你看云台,他们就用那个小牌牌标注各家各户的名字,大家轮流去祠堂上香、打扫。每一家都很自觉,轮到了自己就会早早地去,并及时把那个小牌子传到下一家。我就在想,能不能在这个基础上拓展一下,大家轮流做卫生。这样整个村子也就整洁了。其实,这对大家也都是有好处的呀。"①

　　"我们的草坪、广场也可以划片的,然后让村民来认领,日常的养护工作就由他们来完成,然后我们每隔一段时间有一个评比,管护好的就以奖代补,这样也可以提高大家的积极性。我们那些大的绿化树,就让村里的小朋友来认养,树上面挂上一个小牌牌,写上小朋友的姓名、年龄等基本信息,这样他们也有荣誉感。"②

　　对此,村里人则更实在一些,他们对于这种理想的状态没有抱很大的希望,因为他们更了解村里的人。

　　"这是很难的,上香那是去祠堂,那是为了每个人的祖宗,大家当然会自觉地去的。但是打扫卫生肯定就很难,没有人会那么积极的。你看常委几次让我们打扫村里的卫生,除了我们几个理事之外,还有谁参加呀?"③

---

①　访谈记录:GWH, LEJ, 2013 年 12 月 4 日。
②　访谈记录:DTC, GGX, 2013 年 11 月 4 日。
③　访谈记录:DTC, GGX, 2013 年 11 月 4 日。

实践也证明了吴国星的担忧，在后面的时间里，村里设施的维护、街道的清扫等都成了很大的问题。而草坪里的杂草也开始超越刚栽上去的花草，有着迅速燎原之势。最终，村里还是放弃了理想的划片管护的模式，将整个村庄的花草养护以及卫生打扫以每月600元的薪资承包给了一个村民。

（二）权责不清

云台村治理体系的交叉和界限的模糊导致村干部之间的矛盾逐步累积。更为重要的是，经过一段时间的期待之后，大家发现"新的村干部没有工资"变为了事实，这在很大程度上打击了大家的积极性。

> "没有工资你哪里能叫得动他们呀，大家谁都不想出工了。不过这也正常呀，大家都是有家有口的，都要赚钱养活老婆孩子。你出去打一天工还能赚个生活费呢，你说出来做村里的事情有什么好处。"①
>
> "现在每次有什么事情都是我跟你星叔两个人干，别人都不来的，每次都有理由。连上面有人来的时候叫他们来开会他们都不来。现在就有点像我们当初两个人一起当队长的时候了，反正就是什么事都是我们两个人的。"②

也就在这时，吴林新参与了华琪生态村项目，帮着进行日常的管理，每年有4万元的固定收入，这对于其他村干部来说是一个很大的刺激。在今日的云台，村民的日常行为都是在经济本位的逻辑下催动的，发展经济排在了所有事情的首位。从某种意义上说，大家竞选干部从根本上说也主要是为了能从中得到一点收入。当这个

---

① 访谈记录：DTC，GZL，2014 年 5 月 28 日。
② 访谈记录：DTC，GZL，2014 年 5 月 28 日。

最大的愿望难以实现的时候，大家对于这个村干部也就没有那么大的兴趣了。

2014年6月12日，云台文化室举行"进火"仪式，这也标志着云台新农村主体工程建设暂告一个段落。但云台要想在现有的基础上再进一步，则需要更高层面上的更大努力。然而，此时的云台村显然已经力不从心了，云台理事或者说云台新乡贤们本就有限的热情在这一年的时间里被过度地使用了，长期只为名望而难得实惠的无私奉献已经让云台理事的公益心成为强弩之末。就像吴志流所说的，大家都是有家有口的人，即便自己还能撑着，可是家里人的怨言也已经越来越多。毕竟，在一个逐步走向个体化的时代，每个人对于家庭的责任才是最重的。当然，最根本的一点在于，云台至今还没能内生出一个经济上较为宽裕的中产阶层，对于绝大多数村民而言，为生存而赚钱仍旧是第一位的。在这样的时代背景下，所谓的新乡贤也并不是完全意义上的乡贤，他们甚至都还没有可以专心追求名望所需要的基本的经济根基。

(三) 自治空转

2014年6月之后，笔者不再长期驻守云台村，但这也并不代表着笔者真正离开了云台，更不意味着笔者就从此不再关注云台。离开云台的近一年时间里，笔者还时常通过网络、电话等各种形式关注着云台的发展，并6次回到云台，或是因为补充调研，或是应邀参加他们的农民运动会、新人婚礼等活动，或是单纯地回去看看云台的村民。在2015年1月笔者回去与吴志流、吴国星的一次交流中，吴志流的一句话引起了笔者的极大兴趣。

> 甲："志流叔，现在村委会也成立了半年多了，市里还是坚持不给你们发工资的吗?"
>
> 乙："没有啊，什么都没有的，哪里有什么工资发呀，我

们连个公章都没有的，算什么党支部呀？"

甲："那现在没有工资的话还有人干活吗？"

乙："博士，现在的问题不是没有人做事情，而是哪有事情可做？"

甲："没有事情可做？"

乙："哪里有什么事情呀？现在新农村也不搞了，平时也没什么事情做呀。除了有时候有领导来检查，没什么事情可做的。"

甲："这样呀，那据你了解，那其他村的情况怎么样呀？"

乙："他们更没有什么事情做呀，他们从来就没有过事情做呀，他们的村委会就是个形式。"①

吴志流的这句"哪有事情可做"说出了云台村委会、云台理事会现在面临的尴尬局面，没有人做事情，也没有事情可做。云台村在扮演了佛冈新农村建设一年多的明星角色之后，也逐渐失去了新意。就在此时，新农村试验区又在积极争取广东省的"省级新农村示范片"项目，而项目规划的核心区域已经不再是云台村。云台村在经过了新农村建设与村民自治重心下移改革的喧嚣之后，又逐步恢复了往日的平静。

六　政府退场后的草根自治形式再生

如果改革不能与乡土实际相契合，乡土社会依旧会摆脱外界的羁绊，按照自己的逻辑走回最适合自己的路。理论是灰色的，实践之树长青，村民自治也总是会在自由的田野上自主地创造崭新的形式，如野草般春风吹又生。云台村改革就是如此，在改革后的不长

---

① 访谈记录：DTC，GZL，2014 年 1 月 28 日。

时间里，云台村各个组织之间相互磨合，萌发出新的自治形式，走出了自己的自治道路。

（一）改革方案不断完善

2014 年 4 月 15 日，清远市委书记在接受采访的时候表示，"村级换届是三年一次，我们这三年就先在这三个试点镇试点，试点也是一种对比，这三个镇和其他非试点镇的对比，有什么问题就纠正，如果觉得成功，其他乡县也愿意借鉴推广的话，我们再逐步巩固推广，在实践中去探索、去完善，尊重实践、尊重群众"。清远改革当然不会在 2014 年村"两委"换届选举后止步，清远改革的一个重要目标就是在 2017 年村"两委"换届选举中全面推开村民自治重心下移改革。另外，任何一场改革都会寻求改革的可借鉴、可复制、可推广性，清远村民自治重心下移改革也不例外。清远改革的一个重要目标就是重构基层治理机制，以地方改革形成地方经验，进而上升为国家政策、破解全国性的普遍问题。

1. 改革的整体状况

云台在改革之后的困惑与迷茫并不只是云台村的问题，而是整个清远村民自治重心下移改革的一个缩影。清远市三个试点镇的农村治理组织体系在改革前后发生了巨大的变化，整个农村组织架构发生了改变，农村治理机制也随之发生转变。

表 4—12　　　　　清远市村建试点镇农村治理组织体系变迁情况

县、镇	组织	改革前	改革后
英德市 石角镇	农村党组织	13 个党支部	13 个党总支，130 个党支部
	农村自治组织	12 个村委会，302 个村民小组	13 个片区党政公共服务站，130 个村委会
连州市 九陂镇	农村党组织	13 个党支部	13 个党总支，149 个党支部
	农村自治组织	13 个村委会，153 个村民小组	13 个片区党政公共服务站，154 个居民委员会

续表

县、镇	组织	改革前	改革后
佛冈县 石角镇	农村党组织	17 个党支部	17 个党总支部，106 个党支部
	农村自治组织	17 个村委会，485 个村民小组	17 个片区党政公共服务平台，106 个村委会

　　村级组织体系的重组并不代表村级治理机制的重构，清远市的改革者对此保持了较为清醒的认识。在村"两委"换届选举不久后的清远市农村工作会议上，市委书记在对村民自治重心下移的重要成果进行总结的同时，也对改革中的问题提出了担心：关于村民自治重心下移的重要性，目前个别地方领导干部的认识还有偏差，甚至认为这是"折腾"。一些同志在工作推进中顾虑很多、信心不足，甚至畏手畏脚。除了有怕麻烦、消极懈怠、观望等待等心理外，更多的还是没有认清为什么要搞村民自治重心下移。在对问题有较全面了解的基础上，市委书记对于这些问题的态度也是非常明朗的：只有真正把政府和村民自治组织的边界界定清楚，才能把过去"政社合一"的治理体制彻底打破。我们在制度体制设计探索上，对农村治理体制进行了完善，但"政社合一"的思想意识要彻底根除还不是那么容易。所以，党员领导干部首先要把村民自治的意识树立起来，深刻理解我国的基本政治制度和农村的基本经营制度，为下一步深化农村综合改革打下坚实的思想基础。

　　此外，清远市 2015 年第 10 期的《督查通报》也对上半年全市农村综合改革督查情况进行了通报。从通报中的数据也可以看出，村民自治重心下移改革任重而道远。农村党员年纪偏大、文化程度不高的现象仍普遍存在，党支部的战斗堡垒作用和领导核心地位未能充分发挥。有的村大量人口长期外出，甚至连村主任、理事会成员也长年不在村中，无法有效地处理村中事务，制约了村民自治的落实。全市村民理事会发挥作用较好的占理事会总数的 26.1%，发挥作用一般的占总数的 52.6%，发挥作用差的占总数的 21.3%。

2. 改革的继续深化

清远市三个试点镇的村"两委"换届选举结束后，清远市相关主管部门及时跟进，制定出台了《深化村建工作试点镇村级组织职责分工目录（试行）》《清远市农村社会综合服务站工作职责目录（试行）》《清远市农村社会综合服务站管理规程（试行）》《关于政府在村购买服务的指导意见（试行）》等一系列配套文件。通过几份配套文件，我们也看到了村民自治重心下移后，政府行政事务与村庄自治事务的适度分离。希望充分发挥村级各种组织的作用，构建"村党组织提事，村民理事会议事，村民代表会议决事、村委会执事"的民主决策机制。

自治重心下移后，新成立村委会的职责回归到村民自治领域，行政任务较少。当然，行政事务进村，也是按照"费随事转"的原则由政府向村委会购买服务。《深化村建工作试点镇村级组织职责分工目录（征求意见稿）》中提到：

> 村委会是村民自我管理、自我教育、自我服务的基层群众性自治组织，实行民主选举、民主决策、民主管理、民主监督，在政府的指导和村党组织的领导下，依法履行以下职责：
>
> （一）民主自治类
>
> 1. 召集村民会议和村民代表会议，执行村民会议和村民代表会议的决议、决定。
>
> 2. 依照法律、法规规定管理本村集体所有的土地和其他财产，编制并实施本村经济和社会发展规划及年度规划，教育村民爱护公共财物和设施，珍惜土地，合理开发利用自然资源，保护和改善生态环境。
>
> ……
>
> 16. 建立和完善村务档案管理制度。
>
> 17. 其他法律法规规定的职责。

（二）协助管理类

1. 协助有关部门维护社会治安和生产生活秩序。

2. 协助有关部门对社区矫正人员和刑释解教人员进行教育、帮助与监督。

3. 协助有关部门开展农村富余劳动力转移就业培训。

与此同时，原来由村委会承担的大量行政事务则归党政公共服务站处理。当然，从党政公共服务站承担的行政职责也可以看出之前村委会行政化的严重程度。

农村社会综合服务站是乡镇人民政府（街道办事处）设置在农村的服务办事平台，隶属各乡镇人民政府（街道办事处）领导和管理，主要负责承接上级政府部门交办到村（社区）的行政工作和公共管理任务，行使原村委会的行政职权。具体职责包括：

一、党务管理类

1. 党务政策的咨询服务。

2. 党员组织关系的接转。

……

二、政务类

（一）社会事务类

……

（七）其他

102. 农家书屋管理工作。

103. 承接党委政府委托的其他公共服务。

各地可根据实际工作情况对工作目录进行增减。

由此可见，原来由村委会承担的七大项 103 小项的行政事务转移到了党政公共服务站。当然,从另一个角度讲,党政公共服务站承担的行政职责原本也是在行政村一级办理的,现在最大的转变是将行政化了的行政村村委会直接转型为党政公共服务站,作为政府派出机构。而村民自治组织则下移到行政村以下,在一个行政干预较小的层级开展村民自治。与"33 号文"相一致,新的治理结构并不会增加治理成本。《清远市农村社会综合服务站管理规程(试行)》中指出:非试点镇社会综合服务站办公经费及人员薪酬待遇按村委会现行渠道解决,其他聘员薪酬参照村委会成员补贴标准由各地自行设定,费用通过县财政等渠道解决;试点镇社会综合服务站的人员补贴收入、办公经费等维持原建制村村委会的供给渠道和标准不变,不足部分通过县财政补贴等渠道解决。

(二)改革实践归于平静

随着 2014 年村"两委"选举的结束,云台村建立起了包括村党支部、村委会、村民小组以及合作社理事会和监事会四套组织体系,选举产生了四套领导班子,形成了吴志流、吴国星、吴绍否三个领导核心。上文也已经提及,村委会下移后的云台村最大的问题还不在于组织之间的关系紊乱,而在于诸多组织因无事可做而陷入了空转。与此同时,村级组织与上级的衔接问题也逐步凸显出来。

1. 自治组织运转难

从 2014 年 4 月云台村级组织架构正式搭建完成以来,云台村村级治理乃至整个农村治理体系发生了根本性的变化,但基层组织体系的变化并没能带来基层治理机制的变革,云台新的村级组织再次陷入空转。选出来的一个相对庞大的村干部队伍也陷入了"无人做事""无事可做"的尴尬境地。

清远市在村民自治重心下移的同时推进党组织下移,实际上是一个政党再下乡的过程,党将其领导体制延伸到农村社会最基层,这样便可以有效地打通国家与农民之间的关系,使农民的意见能够向上传达，党和国家的意志也能够有效地贯彻。[①] 但是，遗憾的是，党组织下移并未能做活，截止到 2015 年 5 月，云台村一年多的时间中共召开党支部会议 6 次，其中，3 次是党支部选举会议，2 次是学习会议，还有 1 次是年终总结会。除此之外，村委会会议 0 次，"两委"联席会议 0 次。也就是说，云台村委会下移以来，村"两委"从没有对村庄新农村建设及公共事务进行讨论。这种情况的出现也与云台村民小组与瓦田寮村民小组缺乏共同的利益连接有很大的关系。虽然瓦田寮与云台共同组成了新的云台村民委员会，但是两个村民小组之间并没有建立实质性的联系。

表 4—13　　　云台党支部 2014 年 4 月至 2015 年 5 月会议情况

时间	主持	应到	实到	主要内容
2014 年 4 月 7 日	吴国星	8	8	选举云台村党支部支委委员候选人
2014 年 4 月 9 日	吴国星	8	7	选举云台村党支部支委委员
2014 年 4 月 9 日	吴志流	3	3	选举产生村党支部书记
2014 年 7 月 1 日	吴志流	8	7	举行"七一"党员大会，学习党的十八大精神
2014 年 10 月 1 日	吴志流	8	7	进行思想政治理论学习
2015 年 1 月 26 日	吴志流	7	7	党支部一年工作年终总结会

村庄的重大事务还是要村民大会决定，村民大会才是村里的最高决议机构。在云台村，所谓的村民大会，实际上就是户代表会议。每个家庭派一个代表参加会议，而且每次都会有因为各种原因而缺席会议的农户，甚至有时候派代表参加会议的农户还不足一半。表 4—14 显示，从 2013 年 4 月至 2015 年 4 月的两年间，云台共召开村民大会 12 次，每次参加会议的人数不等，最多 53 人，最少 31 人，参会农户比重不高。此外，从记录中也可以看到，村民

---

①　徐勇：《"政党下乡"：现代国家对乡土社会的整合》，《学术月刊》2007 年第 8 期。

大会主要集中在了新农村建设与村民自治重心下移改革的期间，村"两委"换届选举后仅召开了 3 次村民大会。

表4—14　　2013 年 4 月至 2015 年 4 月云台村村民大会召开情况

时间	主持人	记录人	人数	主要议题
2013 年 5 月 27 日	吴国星	吴北燕	46	新农村建设通报会
2013 年 6 月 30 日	吴国星	吴北燕	46	祠堂周边禾塘地征收问题
2013 年 7 月 26 日	吴国星	吴北燕	46	村庄旧建设用地征收与拆迁会议
2013 年 11 月 22 日	吴国星	吴北燕	41	村庄水田土地集约会议
2013 年 12 月 20 日	吴国星	吴北燕	33	土地流转合同审议
2014 年 2 月 18 日	吴国星	吴北燕	31	村委会下移事宜通报
2014 年 2 月 28 日	吴国星	吴北燕	52	村委会选举委员会成员
2014 年 3 月 4 日	吴国星	吴北燕	53	村委会选举委员会成员
2014 年 3 月 10 日	吴国星	吴北燕	41	云台村民小组组长选举
2014 年 11 月 17 日	吴绍否	吴坚强	41	讨论芦笋专业合作社事宜
2014 年 12 月 2 日	吴绍否	吴坚强	36	芦笋种植合作社理事会选举
2015 年 1 月 24 日	吴绍否	吴坚强	37	讨论名镇名村建设事项

2. 自治组织衔接难

村民自治重心下移对云台村草根性的自治组织造成了一定程度的破坏，长期以来根植于乡土社会的"队委"自治遭到了很大程度的冲击。除此以外，村委会下移也重构了农村基层治理结构，在乡镇与村之间又多出了片区这一层级。新的村级组织与片区党政公共服务站的关系问题也成为困扰改革的重要问题。对此，片区工作人员与村干部显然形成了截然对立的不同认知。

"我们现在是没有办法的，我们党总支开个会，下面的支部书记有的会来，有的就不会来。我们现在有什么事情要办也不找村干部，我们就直接找队长，就是村民小组组长，社保、医保什么的都是找他们办理。"①

村民自治重心下移，实质上是将原行政村村委会的功能一分为二，行政功能主要由党政公共服务站负责，自治功能则主要由村委会负责。按照清远市最新出台的《深化村建工作试点镇村级组织职责分工目录（试行）》规定，村委会的职责除了民主自治类的之外，协助管理类的就只有协助有关部门维护社会治安和生产生活秩序、协助有关部门对社区矫正人员和刑释解教人员进行教育、帮助和监督以及协助有关部门开展农村富余劳动力转移就业培训三条，而且行政事务进村必须秉承"费随事转"的原则，以政府财政购买服务的形式进行。

但在具体操作过程中，里水党政服务平台却因为经费的问题而无法实现。现自上而下的行政事务诸如新农合、新农保的缴纳等事务主要通过村民小组组长、副组长进行，而村民小组组长与副组长因此也都有固定的年收入，并根据实际情况每年发放一定的务工补贴。也就是说，以现在党政公共服务站的经济能力，他们根本无法满足片区内的政府行政事务的开支，所谓的"费随事转"也就成为空谈。片区与村民小组之间依旧延续着之前建制村村委会与村民小组之间的关系，村民小组组长与副组长的务工补贴依旧是片区党政服务站开单子，村民小组内部报销。

由此可见，改革后乡镇以下两个层级的边界未能划清，任务职责未能厘清，相互之间的衔接出现了问题，甚至处于一种对立的状态。村"两委"对于片区党总支与党政公共服务站多有不满，而片区党政公共服务站在具体的工作过程中也是直接越过村"两委"，

---

① 访谈记录: LSC，CJT，2015 年 5 月 12 日。

以村民小组组长为依托完成相关工作。

(三) 草根自治重获新生

正如前文所说,村委会下移的过程中,政权、政党也进一步地下移,并在传统的自治村落内部引发了权力之争,温情脉脉的乡村社会自治受到了很大程度的冲击,本以激活自治资源为目标的村委会下移反而抑制了社会自治活力,从而形成了村委会下移的第一个制度悖论。而随着云台村新农村建设和村民自治重心下移改革暂告一个段落,尤其是佛冈县、试验区关注重心的转移,云台逐渐从喧嚣之中回归沉寂,除了偶尔前来参观的领导之外,已经没有什么大的建设与改革,国家权力在村庄内部有一个明显的弱化乃至退出的过程,整个村庄又逐步恢复到自运转的状态。也正是在这一背景下,草根的村民自治重新获得了发展的空间,或者说,没有了正式性权力介入与主导的乡村又逐步开启了自治的模式。当然,此时的自治重生在自治资源、自治主体等方面也有了一些较好的社会基础与实现条件。

1. 自治主体自我整合

从新农村建设前后的对比中可以看出,随着集体经济收入的增加,村庄进行公共建设、处理公共事务的能力也得到了很大程度的提升。与此同时,云台村干部群体也发生了分化,形成了新的自治领导力量。

村级组织的空转尤其是村干部的零报酬让很多村干部在经历了最初的兴奋之后逐步走向失落,很多缺乏公益心的村干部开始逐步淡出村庄政治舞台,云台村的实际权力也又逐渐凝聚到少数几个人的身上。到 2015 年 5 月,经过一年多的磨合,10 个村干部已经有了明显的分化。吴伟国还是没有过多地介入或者说没能过多地融入村庄内部事务,在村内的话语权与普通群众没有多少差异;吴林新加入了华琪生态村,成为正式工作人员,并且承担了农家乐方面的生意，也逐步地淡出了村庄公共事务；冯清梅作为妇女主任本来就是一个很虚的职位，根本没有专职工作可做，当选一年来基本上游离在组织之外；吴绍明、吴金锐则主要负责监事会方面的事务，平时也多是顾自己的事情；吴武福长期在外打零工，只是偶尔在晚上参加村庄的理事会会议。村庄的主要权力集聚到了吴志流、吴国星、吴绍否、吴坚强4个人的身上，这4个人也是村庄里比较有公益心的，承担起了村庄日常的公共事务。其中，吴志流、吴国星、吴绍否都曾担任过村民小组的干部，吴坚强虽然是新人，但爷爷曾做过大队书记，父亲做过村民小组组长，叔叔又是吴志流。由此，村庄政治在经历了改革的喧嚣之后，再次回到了家族政治、宗族政治、草根自治的传统之中。

当然，即便是这4个人，也已经很难长期保持义务劳动，现在他们在做公共事务的过程中也是按时间拿务工补贴，务工补贴基本上是按照每天80元钱的标准，这也就相当于云台村民打零工的收入水平。当然，作为村民小组组长、副组长，吴绍否与吴坚强每年还有一笔固定收入，里水党政公共服务站开单子，云台经济合作社出钱。

表4—15　2014年4—12月云台村村民小组组长、副组长收入情况

人员	工资	误工费	合计
组长	675	250	925
副组长	675	0	675

2. 自治事务逐步回归

改革建设的高潮过去之后，云台经济主要由华琪生态村进行市场化运作，云台居民更大程度上走向了外出务工的道路，而云台村也就恢复了往日的平静。此时的云台村的公共事务相对于新农村建设如火如荼开展的一年多时间也骤然减少，出现了吴志流所说的

"哪有事情可做"的状态。

当然,这里所说的"哪有事情可做",是相对于新农村建设与村民自治重心下移改革的那段时间,两场改革在云台村内部内生出了大量的公共事务,为村民自治提供了自治的对象与自治的平台。但是大发展时期过去之后,自治事务减少,自治自然就进入了一种常规性状态。此时,村庄需要的可能是一种自治机制,一种需要时即可激活、不需要时又可休眠的自治机制,而不是整套的自治组织与完整的自治架构。对此,中国社会科学院的党国英教授也曾有过精彩的论述。

> "村民自治它就是一个社会性质的,等经济发展了,有一部分人就会为了名望而免费地、义务地承担起这个自治的领头作用。其实,社区也好,村落也好,在正常的状态下,也没有多少自治事务的,哪里有那么多的自治的事情呢?只要你把政府该做的政府政务、公共服务由政府承担起来,该由村民自己做的也不要大包大揽,那剩下的公共事务是有限的。"①

喧嚣之后的云台就是回到了这种状态,在新农村建设的大量繁杂事务摒除之后,村庄的公共事务大致回落到了新农村建设之前的状态,云台作为一个自然村的村民自治也就不再是一件十分繁杂的事情,村里的事务有限,村干部的工作量自然就减轻了很多,云台自治事务再次回归到了新常态,新常态下公共事务的开展从云台村的公共事务支出表中可见一斑。

---

① 访谈记录:SKY, DGY, 2013 年 10 月 23 日。

表 4—16　　　　　云台村 2015 年 1—3 月公共事务支出一览表

序号	项目	金额（元）	序号	项目	金额（元）
1	兰先、良杜搞环村卫生	80	6	移植樱花、桃花树人工	200
2	误工（接待清远市市委领导）	120	7	矿泉水 12 瓶（接待县财政局领导）	24
3	汇款手续费	5	8	绍否、坚强到镇政府运资料柜	50
4	理事参加农业科技培训费	160	9	云台村购买撒可富 2 包	330
5	德甲到球场晒谷配合县领导照相	40	10	购买村民红砖（修环山沟）	550
……		……	……		……
57	安装文化室大门餐费、车费	670			
合计（元）			17807		

3. 自治资源大幅增多

在新农村建设的过程中，云台村的集体资产有了可观的增加，集体经济收入有了较大增长，整个自治资源的状况有了一个显著的优化。

表 4—17　　　　　　　2015 年云台村集体固定资产统计

序号	资产名称	资产数量	序号	资产名称	资产数量
1	文化室	1 栋（405 平方米）	13	1.5 米圆餐桌	15 张
2	公屋	2 栋（260 平方米）	14	八仙餐桌	8 张
3	杂物房	75 栋（1125 平方米）	15	红胶椅子	150 把
4	篮球场	1 块（759 平方米）	16	长木板凳	32 个
5	乒乓球台	2 套	17	餐具	1 套
6	狮头	1 套	18	铁斗车	2 台
7	健身器材	10 件	19	自来水塔	1 座（70 立方米）
8	污水处理系统	1 套	20	图书室书籍	1 批（约 2000 本）
9	办公桌	5 张	21	儿童活动器材	1 套（书柜、书桌）
10	图书书柜	4 个	22	电热水壶	2 个
11	资料铁柜	1 个	23	坐地风扇	6 台
12	会议桌	5 张	24	电视机	1 台

在固定资产情况得到很大程度改善的基础上，云台村集体经济收入情况也有了较大的改观。尤其是云台文化室于2015年4月开始租给华琪生态园使用，在周末的时候用来接待旅游团。当然，因为云台村是新农村试点村，近年来也会有一些非固定收入，主要是县领导、各级机关给的一些补助，这些收入或多或少，又不持续，而且是特殊时期的特殊收入，在此就不再一一列举。

表4—18　　　　　　　　云台村集体经济收入一览表

序号	项目	金额（元）	序号	项目	金额（元）
1	文化室租金	9600	16	吴润球山地租金	250
2	杂物房租金	1440	17	吴文通山地租金	200
3	山坳租金	2060	18	吴北燕山地租金	30
4	温氏猪场	170	19	吴绍波山地租金	50
5	吴庙其水田租金	30	20	吴谷钱旱地租金	50
6	吴武福水田租金	700	21	吴海南旱地租金	150
7	吴浩贤水田租金	180	22	吴金锐旱地租金	20
8	吴德甲水田租金	550	23	吴志流旱地租金	10
9	吴坚强水田租金	120	24	吴德甲旱地租金	20
10	吴松木山地租金	85	25	黄昌娇旱地租金	10
11	吴庙其山地租金	460	26	吴绍否旱地租金	10
12	吴榕根山地租金	50	27	吴武福鱼塘租金	50
13	付宏军山地租金	700	28	吴林新鱼塘租金	500
14	吴银花山地租金	120	29	吴新金水田缴纳金	300
15	黄树清菜园租金	100	30	华琪生态村	30000
合计（元）					48015

相对于之前几千元的集体经济收入，如今近五万元的年收入显然让云台村有了更多的自治资源与更大的自治能力，这也为自治的重生奠定了较好的基础。从表4—16云台村2015年1—3月公共事务支出一览表中可以看出，云台支出主要用于村内公共事务以及公共设施的修缮。当然，2015年第一季度也是春节前后，云台公共开

支也高于平时。但从一览表中我们也可以看出，除了村庄公共事务开支之外，云台也有一些费用用于接待、村民误工费这主要是新农村建设之后，作为县里的改革先进村，很多领导、记者等会前来考察、座谈、采访。整体而言，云台村集体经济 2013 年结余 40137.1元，2014 年集体经济收入与土地租金共 343702.5 元，2014 年集体经济支出与土地分红共 320587 元，2014 年集体经济收入结余63252.6 元，云台村支撑村民自治的自治资源有了明显的提升。

整体而言，当改革的热度相对降低、政府的力量相对退场的时候，当改革的措施未能很好地贯彻、改革的目标未能很好地实现的时候，云台村的自治反倒再次柳暗花明又一村，自行地进行了重组与整合，再次萌发出新的自治形态与自治生机，也由此形成了村民自治重心下移改革的第二个悖论，即改革的不成功、不彻底反倒为自治的发展营造了再次重生的自治空间。从云台的村民自治发展历程中也可以看出，草根性的社会自治具有极强的生命力，只要有足够的空间，就会自我恢复、自我生长。云台乡村社会的村民自治就像云台田野中的野草一样，野火烧不尽，春风吹又生。云台自治的生命力一直存在。

七　本章小结

在改革的推进过程中，村民自治重心下移最终演变成村委会的下移。清远村民自治重心下移改革只是"三个重心"下移改革的一部分，伴随村委会下移的还有基层党组织的下移及集体经济组织体系的健全，"三个重心"下移改革实际上是将一整套的建制村组织体系下移到了建制村以下。因此，村民自治重心下移一定程度上导致了建制村以下的草根自治的再度行政化，激活自治资源的尝试最终产生了抑制草根自治发展的悖论。王金红教授等曾指出，村民自治制度实施 20 年，其实际绩效并没有随着制度积累而呈现出逐步的强化和提高，反而呈现出衰减的迹象和趋势。王教授等为此提出了"制度过密化"的理论假设，提出要进行制度调理与制度调适，解决过度的制度嵌入问题。① 这一理论显然对云台的村委会下移所引发的自然村村民自治再度行政化现象具有较强的解释力。

云台村村民自治重心下移改革中出现的改革悖论，既有普遍性的问题，又有特殊性的原因。整体上看，清远村民自治重心下移改革是一场政府主导的改革，是由上而下的制度下移，甚至县区在认识这场改革时也是将其看成不得不推行的政治任务。自治重心下移的改革方案的确是在借鉴新加坡传统治理资源的运用以及总结英德等地部分农村先进经验的基础上形成的，但是对于全市其他村庄而言，却是一种政府主导的由外而内的制度镶嵌。这种改革的逻辑与20世纪80年代村民自治制度的推进有着惊人的相似。中国的改革一直以来的确是沿袭着一条先有好的地方经验、地方经验再上升为国家政策的改革逻辑，但是我们一直忽略的是改革的社会土壤与必要条件，这也是我们将很多地方性改革先进经验推向全国时普遍会遇到的问题。清远的村民自治重心下移改革虽然面对的都是华南宗族型村庄，但是华南宗族型村庄本身就是一个较大的区域型概念，大区域内的不同村庄之间也存在着较大的差异，清远不同县区的改革绩效充分地说明了这一点。在清远村民自治重心下移改革中，最终改革绩效较好的是英德、阳山、连山等北部县市，而紧邻珠三角的佛冈成为改革的低洼地，这中间恐怕不能简单地以领导重视程度与改革魄力来解读，而是要回归到改革的社会土壤、外部环境以及约束条件上来。从云台村本身的情况来看，村民自治重心下移改革尤其是换届选举中的乱象可以部分地归结到新农村建设中来，新农村建设一方面让云台与政府、与市场的联系更为紧密，云台经历了一个前所未有的跨越式发展，这种跨越式的发展自然会带来很多的

① 王金红、蒋达勇：《制度过密化：解释村民自治发展瓶颈的一种理论假设》，《华南师范大学学报》（社会科学版）2008年第2期。

不适。另一方面，新农村建设过程中大量体制性资源的进入，也让村庄权力的争夺进入了白热化，几十年无人问津的村庄权力顿时变得炙手可热。当然，云台村民自治重心下移改革的乱象与悖论并不是个案，只是改革的问题在云台这样的环境下呈现得更为直接、更为集中、更为彻底而已。

改革的效果悖逆了改革的初衷，也要部分归因于改革过程中对改革方案的不断折中，折中的过程也就是妥协的过程，这种妥协不仅仅是理论向实践的应有妥协，更多的还是改革创新向保守力量的妥协、锐意改革向行政惰性的妥协。总之，以激活自治资源为目标村民自治重心下移改革最终走向了它的第一个悖论。但让人欣慰的是，社会自治总是能在社会的夹缝中找到自己的发展空间。在新农村建设与村民自治重心下移改革的喧嚣逐步沉寂下来之后，云台却已开始自发地形成自己的自治机制，或者说云台重新回到了自己的自治轨道，自治在云台又开始获得了新生，这也就形成了村委会下移改革的又一悖论。最后，还要注意的是，在整个改革过程中，也呈现出另一重要线索，那就是只要有利益的驱动，基层就会形成自治的活力，达成自治的行动。

第五章

余论:现代国家建构中的
村民自治资源挖掘

中国改革路径是先有地方创造的好经验,中央总结以后上升为好政策,好政策实行若干年后再把它固定为好制度。2016 年 1 月22 日,清远市委书记在全市农村综合改革工作会议上指出,按照中央赋予的任务,2016 年底就要完成以村民小组或自然村为基本单元的村民自治试点工作,到 2017 年换届时要在全市范围内推广。当然,对于清远改革者而言,他们更希望以自治重心下移激活村民自治资源的地方经验最终能够上升为国家政策,在全国范围内推广实施。但就云台村的情况而言,复归自然村自治传统、激活村民自治资源的村民自治重心下移改革却最终未达其效,反而产生了改革的悖论,甚至引发了草根自治形式的再度行政化以及基层组织的再度空转化。历史再一次证明,国家若想要成功地将乡村社会整合到政治体系中,就必须考虑乡村社会的传统与现状,真正从农村本身出发探寻激活村民自治资源的多种有效路径。

一 现代社会变迁中影响自治的核心变量

村民自治重心下移改革乃至村民自治 30 多年的发展实践给予我们最大的启示就在于,对村民自治的研究最为重要的还是回到村民自治实践与村民自治研究的原点，对自治的根本内涵与核心变量进行深入的探究。

（一）"自"治是村民自治的最大真谛

时至今日，村民自治作为一项制度在中国已经有 30 多年的历史，但对于村民自治这一基本概念的内涵与外延，学界仍未达成基本的共识。村民自治，简言之，就是村民直接行使民主权利，依法办理自己的事情。自治的"自"，既包含自主、自为和自律，也包含自愿。自治离不开自愿，而自愿的前提是自由，认识是自觉的，行动是自主的。[①] 但如今对于村民自治的理解，多是定格在了 20 世纪 80 年代以来全国范围内建立起的一整套的农村管理体制。

如今所说的村民自治，最早发端于 20 世纪 80 年代的广西壮族自治区宜州市合寨村，是当地农民为了弥补人民公社解体之后村庄管理上的空白而自发组织的一种草根自治形式。当然，村民自治的产生也与华南社会宗族自治、长老治村的历史传统有着紧密的关系。但无论是宗族村落自治，还是广西合寨村的自治，都是基层群众基于生产生活的需要而内生出来的草根自治形式，都是在正式的体制性力量缺失的情况下社会内生的一种自我服务、自我管理机制。传统自治广布于"皇权不下县"的传统乡村社会，村民自治萌发于人民公社解体后乡村社会管理相对"空白"的时期，它们都属于社会自组织的范畴。

村民自治这一社会管理形式的出现迅速得到了中央的重视，并于 20 世纪 80 年代中后期推向全国。但为了与人民公社体制相对接，各地普遍是在生产大队一级设立村民委员会，村民自治也就由自然村自治演变为建制村自治。村民自治也正是从此刻起不再是一种社会自发的草根自治形态，而是成为国家自上而下的一种制度建

---

① 邓大才：《村民自治有效实现的条件研究——从村民自治的社会基础视角来考察》，《政治学研究》2014 年第 6 期。

构。也正是这个原因，建制村自治又被称为行政村自治，并在之后的发展过程中不断走向行政化。经过 30 多年的发展，村民自治从"三个自我"到"四个民主"，制度化、规范化程度不断提升。但村民自治也出现了根本性的问题，那就是对"自治"这一根本属性的背离，"村民自治不自治"成为村民自治发展中的最大悖论。正如张鸣教授所言，在"有国家无社会"的情况下谈论乡村的自治是不现实的，如果连民间社会都不存在，那就根本谈不上村民自治。[①]

在建制村村民自治日趋行政化的同时，不可忽略的是，在广袤的乡土社会，真正的自治在顽强地生长着。尤其是在华南宗族型社会，草根的自治形式不仅遍布于经济、社会、文化、政治等各个领域，而且在不同的区域范围、不同的社会层次上广泛地存在着。清远的改革者正是触摸到了村民自治的核心问题、关注到了村民自治的基层活力，于是启动了这样一场旨在进一步激活自治资源与自治活力的改革。清远改革是一场政府主导的改革，面对的是自上而下的压力型体制，而这种大环境下的小改革反而将更基层的草根自治形式引向了再度行政化的悖论。

由此看来，无论是清远村民自治重心下移改革的悖论，还是村民自治 30 多年发展之后的困境，最根本的原因还是在于村民自治并不是乡土社会的自我发育，而是国家自上而下建构的产物。尤其是在传统自治的对比中可以看出，当前村民自治是现代国家建构背景下的村民自治，更是市场经济浪潮下的村民自治，村民自治而不自知是村民自治发展中的最大问题。因此，要着力推动基层自治组织的性质复归与功能复位。[②]

---

① 肖唐镖：《当代中国农村宗族与乡村治理——跨学科的研究与对话》，中国社会科学出版社 2008 年版，第 7 页。

② 徐勇：《"防震圈"、自治秩序与基层重建》，《探索与争鸣》2011 年第 7 期。

（二）自治规模、宗族关联还是利益连接?

从传统乡村自治到现代村民自治,自治在不同历史时期、不同社会层级上呈现出不同发展态势,发展状况的不同显然受到了自治规模、宗族关联、利益连接等自治核心变量的影响。那么,在这些核心变量中,最为关键的又是什么? 对此,经典理论也曾有所涉及,柏拉图和亚里士多德认为自治的单元不能太大,洛克认为政治社会起源于人们"自愿的结合",卢梭则认为民主制适宜于小而贫穷的地区,托克维尔认为美国乡镇自治因为其内含的新教伦理中的自律精神和自足精神,恩格斯认为共有产权是自治的基础,马克思指出利益是自治和治理的基础。[1] 那么,我们能否从社会自治的历史变迁以及清远村民自治重心下移改革中寻求到最能解释中国乡土社会的答案?

传统时期的社会自治是一种内生于宗族村落内部的自治,宗族共同体首先是基于共同的血缘,有着紧密的宗族文化关联,地域规模与人口规模相对较小,而且共同体内部存在复杂而紧密的利益连接机制。但在整个传统乡村自治中也可以看到,自治很多时候又会超出宗族村的范畴,在更大的乡村社会空间内达成集体行动、结成社会组织,这些更大范围内的社会自治显然超出了村落的地域限制与宗族的文化限制,是基于共同的利益而开展的自治活动。反之,在宗族村内部,如果利益连接机制失灵,或者说宗族共同体的存在妨害了族人利益诉求,那么宗族共同体的凝聚力与向心力就会大打折扣。在云台村的发展历程中,大械斗之后多数吴氏族人基于宗族的关系返回云台村重建家园,但也有族人自此客居他乡。吴绍焕家族之所以回迁的重要原因就是他们在其他村遭受到异姓的欺负,而且云台村中有他们的旧屋地。在回迁之前,他对云台最大的记忆也

---

[1] 邓大才:《村民自治有效实现的条件研究》,《政治学研究》2014 年第 6 期。

是父亲要求耕种负担相对较轻的公田以及清明节拜山的时候用公尝分发祭祀猪肉的场景。由此可见,传统时期,在影响自治的核心变量中利益连接才是最为重要的。

1949 年以后,现代国家建构迅速推进,国家政权进一步下移,自治在很长一段时间内被压缩到了狭窄的社会空间。从土地改革到高级社再到人民公社,社会管理基本单元的合适规模一直在探索之中,甚至于在人民公社期间,主要基于农业生产需要的管理单元的调整也一直没有停止。与此同时,乡土社会最核心的土地产权制度发生了重大变化,土地制度由私有制转变为公有制,存在于社会各个层面的共有产权也不复存在,自治的经济基础发生了根本性变化。从新中国成立到改革开放 40 年左右的时间中,治理的规模不断调整,宗族的作用日渐式微,产权等利益连接机制较微弱,自然村之外没有了市场,更没有了社会,自治被压缩到了历史最低状态。但依旧应该看到的是,即便是在人民公社时期,自治也并未消亡。乡土之中依旧存在着基于共同利益的自治,如云台村自主的村庄规划,如云台村及周边村民面对粮食上调时的集体抗议。

20 世纪 80 年代以来,改革开放后的乡土社会萌发出强劲的社会活力。宗族传统在一定程度上开始复兴,市场经济逐步渗入乡土社会的每一寸肌肤。但与此同时,农村的产权制度并没有根本性改变,社会的个体化倾向也在侵蚀着自治的社会基础。当然,基于生产生活的共同需要,自治还是在乡村社会发挥着作用。如自然村内部的社会救助,自然村之间的"冬修水利"。尤其是近年来,在政府资源的激发与撬动下,云台村村民积极以自治的方式修建村道、巷道、公厕等,呈现出自治的内在活力。

清远市村民自治重心下移改革的重要现实依据是传统宗族村自治的传统与现代自然村自治的活力,是看到了自然村作为一个地域相近、文化相连、利益相关的社会共同体内含的自治动力。这场改革,既有自治规模层面的村民自治基本单元的探索,又有宗族关联层面的宗族自治传统复归，还有对于村民小组这一农村集体产权单位的关照。在改革过程中，自治规模、宗族关联、利益连接也都发挥着重要的作用，但从改革全过程的参与式研究中可以看出，利益连接无疑是最核心的要素。

不难发现，利益连接是影响自治最为核心的要素，也是激活自治的关键所在。这一结论对于新时期激活自治的路径选择具有重要的意义。在农村地区，自治因产权而需要，因利益而设置，在实践中应因地制宜，遵循以产权为基础的利益相关的原则寻找村民自治的有效实现形式。① 与此同时，这一发现对于社区自治同样具有启示意义，实现社区的有效自治，就要建构各行为主体之间的利益相关性，建立与多样式、多层次、多类型利益体系相适应的居民自治体系。②

二　现代国家体系下传统自治难以复归

当代中国村民自治作为一种政治实践活动是在由亿万农民构成并极具传统性的乡村社会中发生的，但它作为一种国家法律制度却是在现代化背景下的国家建构中产生的，村民自治发生与发展的全过程都是在现代国家体系之下，现代国家建构中产生的村民自治自然与传统乡村自治有着本质的区别。③ 如今的村民自治重心下移改革还在进行中，效果如何，还有待在更长的历史跨度内实践检验，改革也是不断实践探索的过程，不能简单地用对或错来衡量。④ 但

---

① 邓大才：《利益相关：村民自治有效实现形式的产权基础》，《华中师范大学学报》（人文社会科学版）2014 年第 4 期。

② 邓大才：《利益相关：居民自治有效实现形式的动力基础》，《东南学术》2014 年第 5 期。

③ 徐勇：《现代国家的建构与村民自治的成长——对中国村民自治发生与发展的一种阐释》，《学习与探索》2006 年第 6 期。

④ 周立：《清远试水"村民小组自治"：且改且看》，《中国民政》2014 年第 5 期。

就云台村当前呈现出的发展趋势而言,现代国家体系下乡村自治传统是难以复归的,这主要是由于自治的社会基础、实现条件、体制环境已经有了根本性的不同。

(一) 自治的社会土壤

传统时期华南乡土社会的宗族自治非常发达,20 世纪 80 年代的村民自治本也发源于这片具有浓厚宗族传统的乡土社会,如今的村民自治重心下移又是首先在这里发生,这些都与这片社会土壤密不可分。但必须看到的是,如今的华南乡土社会与传统时期已经有了本质的不同。陈明博士在对村民自治"单元下移"的研究中指出,村民自治运行困境可能并不是"单元下沉"所能解决的,农村市场化进程带来的家户消费膨胀以及家户主义的盛行,才是导致村民自治无法"落地"的根本原因。[①] 陈明博士的研究是基于江淮一带的农村,而江淮一带与华南宗族社会又有很大的不同,但这种注重村民自治社会基础的研究路向是值得肯定的。改革开放以来,外出务工浪潮席卷全国,至今方兴未艾,部分地区甚至有了农民工市民化的发展趋势。云台村所处粤北地区虽然城镇化水平比较低,村庄也未像中西部地区农村一样出现大多青壮年外出务工的情况,但这里的乡村也已经是一个流动起来的乡村。在人口流动起来的同时,市场化对乡村社会底色的冲击更是根本性的,尤其是市场化深刻地改变了农村的价值取向与文化特质。此外,如今华南乡村社会在基本制度上也与传统时期有着本质的不同,与传统时期土地私有、小农经营不同的是,当前农村最基本的制度是农村土地集体所有基础上的集体经济制度。这一制度脱胎于人民公社体制,却未能完全地走出人民公社。村民自治自发生伊始便与集体经济制度紧密地联系在一起,并受到了集体经济体制的影响与制约。清远复归自

---

① 陈明:《村民自治:"单元下沉"抑或"单元上移"》,《探索与争鸣》2014 年第 12 期。

然村自治传统的改革看到了传统自治的强大力量以及对现代自治发展的启示，但是未能注意到自治的社会土壤已经有了很大的不同。在不同的社会土壤上生长或者培育出来的自然是不同的自治形式，换言之，同一种自治形式在不同的社会土壤中的发展走向是全然不同的。

（二）自治的内在动力

传统乡村社会自治之所以能良性运转，很大程度上也在于自治是乡土社会的内在需求，自治有着强大的内在动力。传统乡村社会既是一个生产力低下、抗灾害能力弱的社会，又是一个难以获得正式的体制性力量支持与帮助的乡村社会。如今的乡土社会与传统时期已经有了很大的不同，一方面，现代科技的发展让农业生产力大大提升，生产过程中对相互协作的需求也大大降低；另一方面，市场经济下的个体农户越来越快地走向分散化、个体化，农户越来越成为最基本、最核心的生产生活基本单元，宗族与村庄共同体对于社会化小农的作用不断减弱。更为重要的是，随着现代国家建构的不断推进，尤其是新时期工业反哺农业、城市反哺农村的力度不断加大，乡村社会越来越密切地融入整个国家体系。在此过程中，社会化小农越来越多地走出传统的生产生活共同体，对乡村共同体的依赖程度不断降低。云台新农村建设中，村民参与村庄事务是非常有限的。尤其是村中的年轻人，基本不参与村庄公共事务的讨论与决策，村庄有效的公共事务因为利益连接机制的缺失而很难激发他们的参与热情。在一个逐步走向个体化的时代，多数村民更多的还是关注自身的事务，对公共事务则多持有"搭便车"的思想。从更高层面来讲，促进社会内聚的纽带似乎并不是血缘、地缘同宗同族等原始特征，也不是集体化生产与再分配，而是社会成员共享利益和共享价值的再建,如平等、自助、自主和共担等。[①] 只有在这样一个基础上,才能形成更为强劲与持久的自治动力。

(三) 自治的主导力量

1949 年以后,中国经历了一个由新民主主义社会向社会主义社会发展的再革命过程,乡村社会的权力结构也因此发生了根本性的变化。尤其是在土地改革过程中,传统乡村自治的主导力量乡绅阶层被写进了历史,贫下中农中的积极分子与优秀代表开始进入乡村权力的上层。此时的乡村权力阶层与传统社会有了根本的不同,尤其是在经济上,新权力阶层并没有占据优势地位、发挥引领作用,他们对乡村社会的主导主要还是依赖体制性的权力与资源。改革开放之后,华南乡土社会经历了一个宗族复兴的过程。在这个过程中,新乡村社会也开始兴起一个与传统乡贤有共通之处的新乡贤群体,乡贤也被寄予了主导至少是助力乡村自治的厚望。但遗憾的是,现代乡贤与传统乡绅还存在很大的差异,甚至有本质上的不同。其一,传统乡绅主要依赖乡土社会尤其是农业生产而获取财富,对乡村治理秩序的参与与维护其实也是对自身权益的一种维护。而现代乡贤多是依靠工商业赢得发展先机,他们对于乡村公共事务的参与和支持主要是源于一种回馈乡邻、荣耀乡里的考虑。其二,传统乡绅多扎根乡村,他们会做出一些义举与善事,但他们的行为没有国家权力的直接支持。现代乡贤地位与身份的获得依靠的是自上而下的组织体制,所以也有可能出现脱离群众的"脱草根性"问题。[②] 其三,传统社会有经济和政治地位的"乡绅"通过主办公益事业获得社会声望,他们无须从中获得经济报酬。当下乡村绝大多数村干部从事公共事务,都希望获得报酬和收益。[③] 以云台

---

① 张静:《社会建设:传统经验面临挑战》,《江苏行政学院学报》2012 年第 4 期。
② 徐勇:《"政党下乡":现代国家对乡土的整合》,《学术月刊》2007 年第 8 期。
③ 徐勇、吴记峰:《重达自治:连接传统的尝试与困境》,《探索与争鸣》2014 年第 4 期。

村"队委"为例,其主要构成人员参与公共事务的重要目的就是获取一份额外的收益来补贴家用,这一点也在很大程度上削弱了他们在群众中的威信力。由此,当下乡村社会缺乏与传统社会相同的自治主导力量。

(四)　自治的资源保障

传统社会自治在不同的社会层级都有不同的资源保障,这一点从云台村传统自治中便可见一斑。云台自治在宗族村层面,有整个宗族共有的公田,这些公田由族长主持管理,主要用于始祖祭祀。在宗族村内部的房支中,也有归各房支族人共有的公田,各房各支也会选出值理等管理者来负责共有财产的管理。在宗族村庄之外,也有很多超出了单个村庄的更大范围内的自治资源,比如说庙田等。此外,乡村社会还有很多筹集自治资源的有效机制。总之,传统时期基于解决不同公共事务的需要集聚了多层级的自治资源,这些资源为传统自治的良性运转提供了坚强的社会保障。"土改"之后,公田不复存在,乡村社会的自治资源也随之大大削弱。人民公社解体后的集体经济体制下,很多村民小组依旧保留了一定数量的留用田,其收益主要用于村庄公共事务,但此时留用田的性质、规模、作用已经难以与传统时期的公田相提并论。与此同时,乡村社会很多有效的筹资筹劳机制也遭到了前所未有的破坏,而且直至今天仍未重新发育并发展到传统时期的水平,乡村社会自治面临着较严重的资源保障不足的问题。也正是基于这样的原因,清远村民自治重心下移改革的同时也是一个重建集体的过程,发展壮大集体经济被提高到了一个很高的层面,这其实也是为了从根本上破解自治资源不足的问题。但近年来,土地确权作为一项基础性的改革也在全国范围内迅速推进。此外,很多村庄增加集体经济收入本质上还是通过加强对集体资源的控制进而与民夺利,是通过隐性的手段将资源由个体农户向村庄集体转移。但这种方式也只是"政经不分"

治理格局下的权宜之计。

（五）自治的体制空间

中国的历史传统与制度底色并不是西方话语体系中被定格的奴役性、停滞性的"东方专制主义"，而是长期被思想界所遮蔽的东方自由主义。[①] 在"皇权不下县"的传统乡土社会，正式的体制性力量的缺失反倒为乡村社会自治的发展创造了较为宽松的环境。中国近现代史是一部现代国家建构的历史，也是一部乡村自治重构的历史，而现代国家建构与乡村自治重构又存在着内部的紧张甚至是对立关系，即便是人民公社解体后的村民自治，也是一种"国家在场"的村民自治。乡村社会被纳入国家组织与治理的框架之后，乡村自治就不再直接取决于乡村社会自身了，还必须取决于国家。乡村社会拥有自生权威与自生秩序的能力，多少取决于国家给乡村社会的自治空间与支持力量有多大。[②] 也正是源于此，村民自治从发展伊始就走向了行政化，并最终导致行政抑制自治、他治替代自治、自治流于形式。清远改革正是在我国村民自治陷入发展困境的背景下开启的一场向传统借智、向基层要力的改革创新，寄希望于在社会资本存量较大、行政事务干预较小的村民小组或自然村重达自治。然而，改革的实践表明，宏观体制环境下的微观机制创新难以起到预期的效果，而且让人始料未及的是，村民自治重心下移过程中同时推进的行政下移、党组织下移客观上进一步压缩了农村社会自治的空间，阻碍了基层民主的发展。清远村民自治重心下移中的一个较大悖论就在于，试图激活自治的改革最终却抑制了自治的发展。在现代国家体系下，村民自治重心下移的过程实质上也就是

---

① 徐勇：《东方自由主义传统的发掘——兼评西方话语体系中的"东方专制主义"》，《学术月刊》2012 年第 4 期。

② 刘伟：《难以产出的村落政治——对村民群体性活动的中观透视》，中国社会科学出版社 2009 年版，第 6 页。

草根自治制度化的过程。村民自治的主体是农民，其核心价值就在于草根性，[①] 而制度化让自治无法按照乡土社会的条件与需求自然地发育。没有了宽松的社会空间，自治是很难良性运转并健康发展的。

三　现代国家建构中自治资源挖掘路径

现代国家体系下传统自治难以复归，但现代国家建构中却依旧有自治资源可以挖掘。清远改革最终未能达到预期改革绩效，但这场现代化场域中复归传统的改革依旧有着重要的改革价值与启示意义，它为人们重新认知村民自治的历史资源与社会土壤提供了研究平台，为村民自治研究从"价值—制度"范式向"形式—条件"范式转换提供了全新的契机。从云台自治整个发展历程中不难看出，激活自治的最大法宝在于挖掘社会自发的利益勾连，政府层面最需要做的就是还权赋能、放活自治，就是在挖掘社会利益关节点的同时为激活村民自治的内在动力摒除体制性障碍。并在此基础上，进一步厘定自治的定义、拓展自治的空间，在更大范围、更多层次上探索村民自治的有效实现形式。

（一）基层组织重构中培育自治

新形势下要在国家建构与自治生长双向互动的格局下促进村民自治的发展，也要重构基层治理组织体系，在基层组织重置中理顺自治。我国现有基层治理体系主要还是沿袭了人民公社时期"政社合一"的管理体制。人民公社解体后，农村土地集体所有制基础上的集体经济制度沿袭了下来，并在此基础上建立起了一整套的农业经营体制与农村治理体制。新的治理格局下，最大的问题依旧是

---

① 徐勇：《现代国家的建构与村民自治的成长——对中国村民自治发生与发展的一种阐释》，《学习与探索》2006 年第 6 期。

"政经不分""政社不分",基层党组织、村民自治组织、集体经济组织"三驾马车"长期"三块牌子、一个班子"。与此同时,大量的行政事务延伸到村,主要由村委会承担,村委会等村级组织实际上也担负了部分政府行政的职能。这种农村组织体系直接导致了农村治理的诸多困境,制约了村民自治的健康发展。

近年来,在全国尤其是经济发达地区,农村治理创新都指向了传统农村治理体系的弊端,着力于通过重构农村组织体系来为自治松绑。广东南海的"政经分离"主要致力于将集体经济组织分离出来,并逐步推进集体经济的市场化;广东顺德的"政社分离"则是将本应由政府财政负担的行政与服务功能剥离出来,由乡镇政府的延伸机构公共服务平台承担;太仓的"政社互动"则是制定行政清单,政府向村(社区)延伸的功能须由政府以购买服务的方式完成;上海的"一号课题"也是着力分离基层组织的经济职能,着力明确社区一级的自治功能;温州的"三分三改"是深入更基本的层面探寻集体经济制度改革;重庆的"三事分流"则主要是探索政府行政机构、村民自治组织以及居民的权责的理顺与重构。所有的这些改革都是在厘清基层组织的权责,都是在重建各种组织的运行机制。

概括来讲,一是要以产权规则运行农村经济,即农村集体经济的发展要坚持市场化运作,将集体经济组织打造成为合格的市场经济主体。二是要以民主规则运行农村政治,即农村政治发展要继续以有效的机制扩大群众的参与,这种参与要从民主选举向民主管理、民主决策、民主监督拓展。三是要以效率规则供给公共服务,即政府行政机构要一插到底,以最优效率的方式为乡村社会提供公共服务。四是要以服务规则推进基层党建,即打造服务型基层党组织,全面重构基层党建方式以及党在基层发挥作用的方式,推进新常态下契合乡土社会需求的基层党建工作。在广东省南海改革中,邓伟根书记提出了基层治理的"四个化",即基层党建精细化、城乡服务均等化、村居治理法治化、集体经济市场化,其实也是在理顺基层治理关系的同时为自治松绑。①

（二）现代国家建构中放活自治

中国现代化"两难"症结真正和根本的要害，在于国家与社会之间没有形成适宜现代化发展的良性结构，确切地说，在于社会一直没有形成独立的、自治的结构性领域。② 尤其是在近代以来的发展过程中，自治的生长受到了现代国家建构的较大影响。国家力量对乡村生活、乡村民主构成强大的作用，几乎无法设想在国家政治进程之外，乡村民主能完全形成或已经形成独立的发展系列。当然，这在一定程度上也是由于近代"国家政权建设"在中国没有完成，没有形成强大的约束力量规范基层权威。③

传统社会之所以能形成一个较为完整的自治形态，很大程度上得益于"王权不下县"。即便是按照秦晖先生的观点，传统自治不过是在清末王朝更替时期皇权式微时一时繁盛，也同样可以体现出国家权力与社会自治的这种此消彼长。理论界鲜有争论的是，新中国成立之后随着现代国家建构的不断推进，社会自治的空间日益狭小，在人民公社时期可能达到了顶峰。人民公社体制解体之后乡村社会自治有所复苏，但随后在全国推广与实施过程中却不可避免地带上了现代国家建构的烙印。村民自治"第三波"的兴起也证实了同样的问题，从地域上讲，在村民自治"第三波"中走在前列的诸如广东清远、湖北秭归、四川成都、广西河池等都属于地理位置较偏远、自治渊源较深厚的地区；从层级上讲，村民自治"第三波"的兴盛也主要是在国家权力控制相对较为宽松的行政村以下的范畴。由此可见，在整个村民自治的发展过程中，呈现出了一种村民

---

① 舒泰峰、尹冀鲲：《村治之变：中国基层治理南海启示》，北京大学出版社 2014 年版，第 3 页。

② 邓正来：《国家与社会——中国市民社会研究》，北京大学出版社 2008 年版，第 3 页。

③ 张静：《现代公共规则与乡村社会》，上海书店出版社 2006 年版，第 135 页。

自治与国家建构此消彼长的发展态势。而新常态下,现代国家的建构不可逆转,社会自治的生长也是刚需。那么,现代化视域下,就必须进行理念的重构,在推进现代国家建构的同时放生自治,实现国家建构与自治生长的和谐共进。

　　也就是说,"国家政权建设"要继续推进,在扩张国家的控制权力之外更重要的是以新规则规范各级政权本身的角色转变及治理规则的改变。乡村自治运动也需要设置双重目标,即推动国家政权建设,推动公民权利的确立及更广泛的分布。[1] 简单来说,一方面,现代国家建构既是国家体制性力量向基层延伸的需要,也是现代化进程中基层经济社会发展中的基层群众诉求。因此,随着现代化进程的推进尤其是城乡公共服务一体化乃至均等化的努力,国家体制性力量要"一插到底",进入社会最基层的"神经末梢",打破"最后一公里"的限制,为群众提供最便捷、最基本的公共服务。在政务管理与公共服务向下延伸的同时,要促进自治的生长。自治的生长主要有两个维度,一是横向上要不断拓展,由宗族领域、村治领域向整个村庄事务延伸;二是纵向上要不断向上,由最基层的自然村自治、行政村自治不断地向更高领域、更大范围发展。由此,国家权力下沉到乡村,乡村社会自组织的生长,这是现代国家建构中乡村治理的双向趋势。国家权力下沉,并不只是管治乡村,更重要的是为乡村社会提供公共福利;乡村社会自组织的生成不是地域性的自我管理,而是更好地处理复杂而多样化的公共事务,造福于社区群众。[2]

(三) 政府行政创新中激活自治

　　现代国家建构过程中乡土社会依旧有很多传统自治资源可以挖

---

　　①　张静:《现代公共规则与乡村社会》,上海书店出版社 2006 年版,第 136 页。

　　②　徐勇:《现代国家的建构与村民自治的成长——对中国村民自治发生和发展的一种阐释》,《学习与探索》2006 年第 6 期。

掘,关键在于探寻到有效的挖掘方式,当前阶段也就是要以政府行政方式创新激活传统自治资源。进入 21 世纪之后,村民自治面临的宏观环境发生了一些新的变化,中央决定取消农业税,减轻农民负担,村民自治的宏观环境有了根本性的好转。但与此同时,行政权的渗透所造成的村干部行政化引起了农民较强烈的不满。[①] 由此,在通过厘清国家与社会的边界从而放活自治的同时,还需要进一步通过党政系统以及体制性资源进入乡村社会的方式的转变,将抑制自治的不利因素变为激活自治的有利因素,从而进一步促进社会自治的健康发展。国家能够在多大程度上尊重乡土社会的天性以及能够给乡村社会多大的自主空间,很大程度上决定着乡村社会发挥其共同体的天性,实现有效自治的能力与水平。[②]

在现有乡村管理体制下,体制性的力量与资源进入乡村社会多是采用体制性进入的方式,基层党建也多强调基层党组织在乡村社会的全覆盖。在乡村组织的相互连接中,基层党建也多采用简单而直接的方式,对其他组织进行硬性的介入与领导。行政下乡更是采用了直接的方式,带有很强的压力型色彩。尤其是在乡村关系中,乡镇政府对自治组织逾越了"指导与被指导"的关系界限,变为"领导与被领导"的关系。体制性的资源进行乡村社会也多是由基层政府全面掌控,尤其是农村基础设施建设等都是采用了项目制的方式。

激活自治,就必须首先转变基层行政方式,转体制性介入为功能性融入。具体说,最为主要的就是转变基层治理理念,变传统的社会管理思维为现代治理思维,变传统的管制型思想为现代服务型思想。尤其是要以服务型政府和服务型基层党组织的打造为契机,全面转变党政体系在农村的设置方式与作用方式,让基层党组织与

---

① 徐勇:《村民自治的成长:行政放权与社会发育》,《华中师范大学学报》(人文社会科学版)2005 年第 2 期。

② 刘伟:《难以产出的村落政治——对村民群体性活动的中观透视》,中国社会科学出版社2009 年版,第 6 页。

政府的延伸更多地出于服务的便利而不是管制的需要。在日常工作中也要寓管理于服务之中,在服务中融入乡村社会。体制性资源进入乡村社会更是要注意方式方法,要加强与自治组织的对接,充分发挥自治组织在资源分配与使用中的主体性作用,通过体制性资源的使用弥补村民自治资源不足、动力不够的缺陷,从而进一步激活整个村民自治。

(四) 多种形式探索中丰富自治

亨廷顿曾指出,各国之间最重要的政治分野,不在于它们的政府形式,而在于它们政府的有效程度。[①] 这一论断同样适用于自治,自治的形式可以多样化,关键在于有效。2014 年中央一号文件中指出:"探索不同情况下村民自治的有效实现形式,农村社区建设试点单位和集体土地所有权在村民小组的地方,可开展以社区、村民小组为基本单元的村民自治试点。"由此可见,下一步村民自治应打破以行政村为统一单位的村庄自治,寻找多种类型、多样化的村民自治实现形式,建构多元化、多层次、多样化的中国农村村民自治体系,真正有效实现村民自治。[②] 当然,即便是在当下的乡土社会,自治的多种有效实现形式也不只是村民小组自治和社区自治这么单一,而是存在更多的基于乡村社会需要、契合乡村社会实际的自治形式。这些自治形式已经广泛地存在于乡村社会,如今需要的或许不是探索新的多种有效形式,而是发现并促进多种有效自治形式的健康发展。

在乡村社会,一是有半体制性的村委会这一村民自治组织,这一自治形式虽然带有很强的行政化倾向,但却还不完全是一级行政

---

① [美] 塞缪尔·P. 亨廷顿:《变化社会中的政治秩序》,王冠华等译,上海人民出版社 2010 年版,第 1 页。

② 邓大才:《村民自治有效实现的条件研究——从村民自治的社会基础视角来考察》,《政治学研究》2014 年第 6 期。

机构，仍或多或少地具有一定的自治功能。二是地方政府近年来为进一步激活乡村社会自治而在各个层面成立的理事会、议事会等，如云浮的三级理事会是在镇村组三级成立理事会，成都的三级议事会是在社区、小区、楼栋三级成立议事会，这些理事会与议事会的自治程度更高、自治层级更广，但本质上也还是一种政府对乡村社会的制度建构，是半体制性自治向更基层的一种延伸，而且在发展的过程中也慢慢地行政化了，如成都的议事会成员如今也已经需要政府发放定额的务工补助。当然，在此之前，村民自治也已经通过村民小组组长延伸到了最基层，只是力量较弱而已。三是社会草根自治组织。理性化社会的组织建构是自组织的过程，即个人基于共同需要和利益而自我形成的组织。① 草根自治组织是多样化的，并且分布于乡村社会的方方面面。如庙宇理事会，就是有一个固定的理事会，但理事会平时是没有事情做的，只有每年春秋两季的祈福以及庙宇修缮的时候，理事会才会被激活，担负起组织协调之责。乡村社会还会有很多临时性的理事会，或因修宗祠，或因续族谱，或因其他公共事务，因事而建，为事而劳，事终而散。总之，乡村社会很多的草根自治形式都是以最低成本解决乡村公共事务，并解决了"形式有权，实际无权"的基层民主难题。② 现在最重要的便是从重视治理的制度形式向注重治理的内在规律转变，从注重治理向注重治道转变，寻找各种自治形式的内在规律。

乡村社会自治发展的关键在于充分尊重自治的多种有效实现形式，并在对自治的多种有效形式进行深入研究的基础上发掘自治有效运转的内部机理，形成自治培育与发展的系统性理论，从而随着乡村社会的不断变迁探索自治的多种有效实现形式。

---

① 徐勇：《村民自治的成长：行政放权与社会发育》，《华中师范大学学报》（人文社会科学版）2005 年第 2 期。

② 徐勇、沈乾飞：《破解"形式有权，实际无权"的基层民主难题》，《探索》2005 年第 1 期。

参考文献

一　图书类

曹锦清:《黄河边的中国——一个学者对乡村社会的观察与思考》，上海文艺出版社 1999 年版。

陈其南:《家族与社会——台湾与中国社会研究的基础理念》，允晨出版公司 1990 年版。

杜润生:《杜润生自述：中国农村体制变革重大决策纪实》，人民出版社 2005 年版。

费孝通:《江村经济》，商务印书馆 2002 年版。

周大鸣:《凤凰村的变迁》，社会科学文献出版社 2006 年版。

郭于华:《倾听基层：我们如何讲述苦难》，广西师范大学出版社 2011 年版。

金雁、秦晖:《农民公社、改革与革命》，东方出版社 2013 年版。

李培林:《村落的终结》，商务印书馆 2004 年版。

李怀印:《乡村中国纪事：集体化和改革的微观历程》，法律出版社 2010 年版。

梁漱溟:《乡村建设运动》，上海人民出版社 2006 年版。

彭真:《彭真文选》，人民出版社 1991 年版。

秦晖、苏文:《田园诗与狂想曲》，中央编译出版社 1996 年版。

秦晖:《传统十论——本土社会的制度文化与其变革》，复旦大学出版社 2003 年版。

荣敬本等:《从压力型体制向民主合作体制的转变——县乡两级政治体制改革》,中央编译出版社1998年版。

孙中山:《三民主义》,岳麓书社2000年版。

王笛:《茶馆:成都的公共生活和微观世界(1900—1950)》,社会科学文献出版社2010年版。

王铭铭:《社区的历程》,天津人民出版社1996年版。

吴毅:《村治变迁中的权威与秩序》,中国社会科学出版社2002年版。

徐勇:《包产到户沉浮录》,珠海出版社1998年版。

徐勇:《非均衡的中国政治:城市与乡村比较》,中国广播电视出版社1992年版。

徐勇:《现代国家、乡土社会与制度建构》,中国物资出版社2009年版。

徐勇:《佛冈试验:可持续的新农村建设》,中国社会科学出版社2014年版。

徐勇:《中国农村村民自治》,华中师范大学出版社1997年版。

应星:《村庄审判史中的道德与政治》,知识产权出版社2009年版。

于建嵘:《岳村政治——转型期中国乡村政治结构的变迁》,商务印书馆2005年版。

翟学伟:《人情、面子与权力的再生产》,北京大学出版社2005年版。

张厚安、徐勇、项继权等:《中国农村村级治理——22个村的调查与比较》,华中师范大学出版社2000年版。

张乐天:《告别理想:农民公社制度研究》,上海人民出版社2005年版。

张静:《基层政权:乡村制度诸问题》(增订本),上海人民出版社2007年版。

张静:《现代公共规则与乡村社会》,上海书店出版社2006年版。

［美］埃莉诺·奥斯特罗姆:《公共事务的治理之道》,余逊达、陈旭东译,上海译文出版社 2012 年版。

［美］巴林顿·摩尔:《民主与专制的社会起源》,拓夫、张冬冬译,华夏出版社 1987 年版。

［美］罗伯特·帕特南:《独打保龄球:美国社区的衰落与复兴》,刘波、祝乃娟、张孜异译,北京大学出版社 2011 年版。

［美］杜赞奇:《文化、权力与国家》,王福明译,江苏人民出版社 2004 年版。

［美］丹尼尔·哈里森·葛学溥:《华南的乡村生活——广东凤凰村的家族主义社会学研究》,周大鸣译,知识产权出版社 2012 年版。

［德］斐迪南·滕尼斯:《共同体与社会》,林荣远译,商务印书馆 1999 年版。

［英］弗里德曼:《中国东南的宗族组织》,刘晓春、王铭铭译,上海人民出版社 2000 年版。

［美］塞缪尔·P. 亨廷顿:《变化社会中的政治秩序》,王冠华译,三联书店 1989 年版。

［美］李怀印:《华北村治:晚清和民国时期的国家与社会》,王士皓、岁有生译,中华书局 2008 年版。

二 期刊类

程同顺、赵一玮:《村民自治体系中的村民小组研究》,《晋阳学刊》2001 年第 2 期。

陈明:《村民自治:"单元下沉"抑或"单元上移"》,《探索与争鸣》2014 年第 12 期。

邓大才:《利益相关:村民自治有效实现形式的产权基础》,《华中师范大学学报》(人文社会科学版)2014 年第 7 期。

邓大才:《村民自治有效实现的条件研究——从村民自治的社会基

础视角来考察》，《政治学研究》2015 年第 4 期。

党国印：《"村民自治"是民主政治的起点吗?》，《战略与管理》
　　1999 年第 1 期。

胡平江：《自治重心下移：缘起、过程与启示》，《社会主义研究》
　　2014 年第 2 期。

贺东航：《中国村民自治制度"内卷化"现象的思考》，《经济社会
　　体制比较》2007 年第 6 期。

金太军、董磊明：《村民自治研究的兴起与拓展》，《社会学研究》
　　2000 年第 3 期。

景跃进：《村民自治的空间拓展及其问题》，《教学与研究》2001 年
　　第 5 期。

卢福营：《村民自治的发展方向》，《政治学研究》2008 年第 1 期。

卢福营：《派系竞争：嵌入乡村治理的重要变量——基于浙江省四
　　个村的调查与分析》，《社会科学》2011 年第 8 期。

刘义强、陈明：《控制与自治的均衡：社会自治能力建设视角下的
　　农村民主》，《当代世界与社会主义》2010 年第 3 期。

刘义强：《选举背后的村庄生活逻辑》，《中国农村观察》2004 年第
　　2 期。

刘义强：《民主巩固视角下的村民自治》，《东南学术》2007 年第
　　4 期。

罗兴佐：《农民行动单位与村庄类型》，《中国农村观察》2006 年第
　　3 期。

毛丹：《村庄前景系乎国家愿景》，《人文杂志》2012 年第 1 期。

毛丹：《村落共同体的当代命运：四个观察维度》，《社会学研究》
　　2010 年第 1 期。

彭大鹏：《公共空间建构与基层治理创新》，《新视野》2013 年第
　　3 期。

彭大鹏：《村民自治的行政化与国家政权建设》，《北京行政学院学

报》2009 年第 2 期。

秦晖：《"大共同体本位"与传统中国社会（上）》，《社会学研究》1998 年第 5 期。

秦晖：《"大共同体本位"与传统中国社会（中）》，《社会学研究》1999 年第 3 期。

秦晖：《"大共同体本位"与传统中国社会（下）》，《社会学研究》1999 年第 4 期。

任中平：《村民自治究竟应当向何处去?》，《理论与改革》2011 年第 3 期。

任中平：《当前村民自治面临的困境、归因与出路》，《软科学》2007 年第 6 期。

任中平：《创新村级治理机制　破解村治难题》，《国家行政学院学报》2010 年第 1 期。

沈延生：《村政的兴衰与重建》，《战略与管理》1998 年第 6 期。

沈延生、张守礼：《自治抑或行政：中国乡治的回顾与展望》，《战略与管理》1998 年第 6 期。

田先红：《村治改革：村民组织何去何从》，《广东行政学院学报》2005 年第 5 期。

唐鸣：《论探索不同情况下村民自治的有效实现形式》，《当代世界社会主义问题》2014 年第 2 期。

吴理财：《村民自治与国家政权建设》，《学习与探索》2002 年第 1 期。

吴理财：《村民自治与国家重建》，《经济社会体制比较》2002 年第 4 期。

王金红：《制度过密化：解释村民自治发展瓶颈的一种理论假设》，《华南师范大学学报》（社会科学版）2008 年第 2 期。

王金红：《反向民主对村民自治制度绩效的影响》，《开放时代》2012 年第 5 期。

辛秋水:《"组合竞选制"的发展过程与历史价值》,《福建论坛》(人文社会科学版)2009 年第 10 期。

徐勇:《"绿色崛起"与"都市突破"——中国城市社区自治与农村村民自治比较》,《学习与探索》2002 年第 4 期。

徐勇:《村民自治、政府任务及税费改革——对村民自治外部行政环境的总体性思考》,《中国农村经济》2001 年第 11 期。

徐勇:《村民自治:中国宪政制度的创新》,《中共党史研究》2003 年第 1 期。

徐勇:《论村民自治背景下党组织与自治组织的协调》,《学习与探索》1998 年第 1 期。

徐勇:《论村民自治与加强农村基层组织执政能力》,《当代世界与社会主义》2005 年第 4 期。

徐勇:《农村微观组织再造与社区自我整合——湖北省杨柳桥镇农村社区建设的经验与启示》,《河南社会科学》2006 年第 5 期。

徐勇、周青年:《"组为基础,三级联动":村民自治运行的长效机制——广东省云浮探索的背景与价值》,《河北学刊》2011 年第 5 期。

徐勇、吴记峰:《重达自治:连接传统的尝试与困境》,《探索与争鸣》2014 年第 4 期。

徐勇、赵德建:《找回自治:对村民自治有效实现形式的探索》,《华中师范大学学报》(人文社会科学版)2014 年第 1 期。

项继权:《乡村关系行政化的根源与调解对策》,《北京行政学院学报》2002 年第 4 期。

项继权:《从"社队"到"社区":我国农村基层组织与管理体制的三次变革》,《理论学刊》2007 年第 11 期。

徐增阳:《行政化村治与村民外流的互动》,《华中师范大学学报》(人文社会科学版)2000 年第 2 期。

徐增阳、杨翠萍:《合并抑或分离:村委会和村集体经济组织的关系》,《当代世界与社会主义》2010 年第 3 期。

肖立辉:《基层群众自治的缘起与发展》,《科学社会主义》2008 年第 3 期。

肖立辉:《基层群众自治:中国基层民主的经验与道路》,《中国行政管理》2008 年第 9 期。

应星:《评村民自治研究的新取向——以〈选举事件与村庄政治〉为例》,《社会学研究》2005 年第 1 期。

于建嵘:《失范的契约——对一示范性村民自治章程的解读》,《中国农村观察》2001 年第 1 期。

于建嵘:《要警惕宗族势力对农村基层政权的影响》,《江苏社会科学》2004 年第 4 期。

张小劲:《中国基层治理创新:宏观框架的考察与比较》,《江苏行政学院学报》2012 年第 5 期。

张鸣:《为什么会有农民怀念过去的集体化时代?》,《华中师范大学学报》(人文社会科学版) 2007 年第 1 期。

赵秀玲:《当前中国村民自治的难题及其突破》,《社会科学辑刊》2003 年第 6 期。

赵秀玲:《从"村民"到"公民"的路径及其选择》,《福建论坛》(人文社会科学版) 2013 年第 5 期。

后　记

　　学术研究是苦的，就像黑夜中的苦行，越往前去，越是感觉到自己在学术汪洋中的渺小；学术研究又是甜的，一次次思考中的深化、思想上的共鸣，滋润着研究者的心田。这样一份实证性研究，过程中也是充满了困难与困惑，甚至好几次产生了放弃的念头。但现在回过头去看，一切的努力都是值得的。因为，自己在研究中走进了历史、见证了变迁，并获得了成长。

　　研究成果即将出版之际，内心深处最多的还是感激。要感谢我的博士生导师徐勇教授，这样一项研究是在徐老师手把手的指导下完成的，这也是他几十年"田野政治学"研究方向的一个顺延。同时，要感谢邓大才老师与吴晓燕老师。邓老师不是导师，却情同导师，给予了细致而耐心的指导。吴晓燕老师作为我的硕士生导师，也见证了我的成长，并时时指导我、鼓励我、帮助我。还要感谢任中平老师、贺东航老师、刘金海老师、刘义强老师、熊彩云老师、陈军亚老师、王勇老师等，感谢他们给予的指导与点拨。与此同时，感谢自强师兄、乾飞师兄、恒胜师兄、江华师兄、继国师兄、大蒙师兄、亚琼师姐以及任路、万磊、张茜等学友给予的帮助。

　　还要特别感谢驻村调研期间那些帮助和指导我的人。感谢刘恩举常委、蔡友琼处长、朱建星主任。刘常委骨子里的"三农"情怀让我感动，他那种毫无瑕疵的纯粹更是让我折服。蔡处长不仅给予我专业上的指导，还在生活上帮助我、关心我。朱主任工作中给予我的是绝对的信任与无比的支持,生活中给予我的是兄弟般的关爱与帮助。此外,感谢曹主任、罗主任、肖组长及黄锐坚、胡文财、陈鹏、张会玲等同志,两年多的共同工作与生活的点点滴滴都将成为我最美好的回忆,尤其要感谢黄锐坚,三年时间里的亦师亦友,让我了解了整个乡村的社会生态。当然,最厚重的感谢要留给云台村,感谢云台村所有的村民,尤其要感谢国星叔,感谢他收留并带我融入了他的大家庭,带我认识疼我、爱我、关心我的阿公,带我认识了他整个的家族与全部的亲戚,让我更加深入地了解了华南乡土社会。当然,一并要着重列出来的还有绍否叔、北燕叔、武福叔、林欣叔、志流叔、绍明叔、绍顺叔、绍志叔、德甲阿公……总之一句话,我永远都是云台人,我永远爱着云台。

最后,要感谢中共广东省委党校对本书出版给予的资助,感谢中国社会科学出版社的各位老师为本书出版所付出的努力。

吴记峰

2022 年 7 月